10代のキミへ

いのち・愛・性のこと

髙橋貞二郎【監修】

日本キリスト教団出版局

装幀／目次・章扉レイアウト
堅田和子
装画／本文イラスト
世界中に笑顔を広げるアーティスト RIE

第三の手紙　性のこと　からだのこと

〝大切にする〟ということ

私は今年で89歳になります。私が10代のころは戦争まっただ中で、〝愛〟や〝性〟などを考える余裕などはない時代でした。でも、長い間、大学で教え、若い方たちと関わるなかで感じ、考えたことをお伝えしましょう。

「愛」ということばから、みなさんはどんなことを想像しますか？ 近ごろのテレビや映画では「愛してる」「アイ・ラヴ・ユー」といったことばが多く使われ、いまや私たちの生活には「愛」ということばがあふれています。

みなさんは「愛する」とはどのようなことだと思いますか？ 今から400年以上も前、日本に初めて来たキリスト教の宣教師（キリスト教を伝えた人たち）は、「愛」をどのような日本語にしたらよいか考え、「ご大切」ということばで表しました。つまり、「（あなたを）愛する」とは「（あなたを）大切にしている」ということなのです。

みなさんが「アイ・ラヴ・ユー」や「愛してる」ということばを使うとき、あるいはそうしたことばを言われたとき、そこには〝相手を大切に思う心〟がともなっているでしょうか。

「(あなたを)愛している」とは「(あなたを)本当に大切に思っている、大事に思っている」ということなのだ、という感覚をぜひもってほしいとおもいます。

もしかしたら、〝好きな人に高価なバレンタインチョコやプレゼントをあげるのが「愛」だ〟——そう思う人もいるかもしれません。もちろん、自分の気持ちをプレゼントなどで表すのもひとつの愛の形かもしれません。でも、本当に相手のことを大切に思ったとき、「愛」はお金で買えるものではないということにきっと気づくでしょう。

「相手を大切にする」というのは、ただ相手の言うことを「うんうん」ときくことと同じではありません。もし、大切な相手がおかしいことをしているとき、「それはよくないのでは?」と言う厳しさも「愛」です。私も授業に遅れてきた学生に対しては厳しく接します。でもそれは、いずれその人が社会にでたときに周りにきちっとご挨拶できる人になるように、という「愛」なのです。

〝大切にする〟ということで、ひとつ思い出すことがあります。以前、ある中学2年生が自死しました。そのときある先生は「あれだけ『いのちは大切だ』『いのちを大切にしなさい』と口をすっぱくして言っていたのは、いったい何だったのだろうか」とおっしゃいました。その出来事を授業で話したとき、ある学生さんに「最近のCMに『〝命は大切だ〟〝命を大切に〟、そんなこと、何千何万回言われるより、〝あなたが大切だ〟、だれかが、そう言ってくれたら、それだけで生きていける』というのがあるのをご存じですか？」と言われました。

そのとおりなのです。私たちは「いのちは大切よ」「いのちを大切に」とことばで言われるより、相手が〝本当に自分を大切に思ってくれている〟ということを感じることによって、生きる希望がわいてきます。

どうかみなさんも、お友だちやご家族に、「私にとって、あなたは大切な人なのだ」と伝えられる人になってください。そして口先だけではなく、どうかその大切な人と「どんなことがあっても一緒に生きていこう」と思える人になってください。

また私は常々、ひとりの人間（人格・パーソン）として、自分で「考えて」「選んで」「責任をとる」ように、ということをお若い方に伝えています。〝ここで私がこのようなことをしたらどうなるか〟を「考え」、その上でどうするかを「選ぶ」。そして、選んだことによって起こったことに対しては「責任をとる」ということです。責任をとれもしないこと——たとえば、異性と関係をもった結果赤ちゃんができ、その手術代を御両親に泣きつくなど——になるならば、それは自立した人格ではないでしょう。自分が責任をとれないことは選ばない、そしてどうするかを、まず「考える」。みなさんにはそうあってほしいと願います。

性はいのちにも関わることですから、自分だけの問題ではなくなる場合も多いのです。なにか起こったとき、そのことによって身体的にも精神的にも傷つくのは、たいてい女性です。男性であっても、女性であっても、どうかそのことをきちんと心に留めてください。

いま10代であるみなさんは、やがて20代になり、多くの人が親になってゆくことでしょう。どうかそのとき、自分のことばに責任をとるおとなになってください。子どもたちは生きる姿を年上の人から学ぶからです。まだ幼い子どもであっても「この人は心の奥《おく》底からそう思っている」「口先だけだ」と本質を見抜きます。

ですから、あなたが生きる姿をもって、いのちや愛、性といったことを年下の方々に伝えていってください。ことばと実際が一致していない人ではなく、本質を伝えられる人に、そして、「あなたは大切な人だ」と相手に伝えられる人になってください。

みなさんにとって〝大切なもの〟〝大切にする〟とはどういうことでしょう？——どうかみなさんがそのことをこれからも考え、深めてゆかれますよう願っています。

（わたなべ・かずこ）

第一の手紙

いのちのこと 生きるということ

生きづらさを抱えているあなたへ

はじめまして。10代のあなたにこの手紙を書いています。わたし自身、今はもう思春期と呼ばれる10代をはるか前にすぎているのに、その思い出は今も鮮《あざ》やかです。

高校入学が決まった時に、「今が一番いい時期ね」などと言う近所のおばさんたちに「こっちの気持ちも知らないで、勝手なことを言わないで」と心の中で思いながら、無言のままふくれっつらをしていました。ちょっとひねくれた女の子だったかもしれません。思春期のわたしは、どんな色をしていたか、と言われると思い浮《う》かぶのは藍色《あいいろ》。真黒でもないけど、決して明るく光り輝《かがや》く色でもない、いつもどこか憂鬱《ゆううつ》なくすんだブルーだったと思います。

この憂鬱さの正体はなんだったのだろうと、今も思い返します。少しずつ自分の外の世界が広がってゆくにつれて、自分の人生はどうなってゆくのかという将来への不安も広がり、選択肢《せんたくし》はあるけれど、いちばんよい選択が果たしてできるのかとの不安も広がりました。判断がつかないことばかりに囲まれて、勉強の大変さ、生活を回してゆく大変さもあいまって、それらが団子状態でわっとのしかかってくるような思いでいた気がします。しかも、その決断をしなければいけない自分自身が、とても心もとなく、自信がないのです。

「ぼくがここに」

まど・みちお

ぼくが　ここに　いるとき
ほかの　どんなものも
ぼくに　かさなって
ここに　いることは　できない

もしも　ゾウが　ここに　いるならば
そのゾウだけ
マメが　いるならば
その一つぶの　マメだけ
しか　ここに　いることは　できない

ああ　このちきゅうの　うえでは
こんなに　だいじに
まもられているのだ
どんなものが　どんなところに
いるときにも

その「いること」こそが
なににも　まして
すばらしいこと　として

まどさんが84歳《さい》のときの詩です。「ぼくがここに」いることが、ピカピカ光っている、生きる喜びで輝いている、そんな気がしませんか。人生山あり、谷ありをかいくぐって生きてきて、今、ここにあることの喜びをこんなふうにうたえるまどさんは、すばらしいと思います。

10代を生きていたわたしは、ふりかえってみれば、この「今、ここにある」喜びがほとんど見えていませんでした。勉強は大変、日常生活も大変、「あれもこれもやりなさい、これがあなたの課題です」と先生や親から言われて、「そうだ、わたしはここも足りない、あそこも足りない、もっと努力しなくちゃ」と過去の失敗にくよくよし、未来の出来事に不安に

なって、「今ここ」にある喜びが見えていなかったのだ、と今、わかります。でも、ただ先生や親の言いなりになっていたわけではありませんでした。わたしの当時の戦略は「なまけもの」になることでした。つまり周りの言うこと100パーセントの言いなりにはならないぞ、というわたしなりの意地だったのです。時々「なまけもの」になって、何が本当に自分がやりたいことなのかを、よく考える時間を取っていたのです。後に非暴力運動の中で「市民的不服従」（不当な扱いや不利益、納得のいかないことには従わない）という戦法があることを知って、わたしもいい線いってたかも、と思ったものでした。

　そんなわたしが夢中になったのは、絵を描《か》くこと、文章を書くこと、本を読むことで、時間を忘れるほど夢中になることもたびたびでした。きっとそんな時、わたしは生きる喜びに満たされ、自分でも気がつかないうちに光に導かれていたのだと思います。だから10代のあなたに勧《すす》めたいのは、〝何でもいいから夢中になれるものを見つけてほしい〟ということです。もちろんそれは自分やほかの人を傷つけないという条件がつきますが。

　一つのことに打ち込めるというのは、本人が気がつかなくても、光に導かれているということなのです。まどさんの詩にあった「ああ　このちきゅうの　うえでは　こんなに　だいじに　まもられているのだ」という目に見えない力、目に見えない光に。そして、知らぬ間に自分の内に生きる力を蓄《たくわ》えていることになるのです。

「わたし」と「あなた」

でも、わたしにとって幸いだったのは、15歳で親友ができたこと。その親友と同じ高校生活を送れたことです。彼女はわたしにとって初めての「あなた」（二人称）でした。「あなた」は「わたし」ではない、「わたし」も「あなた」ではない。でも時間と空間を共にできる相手なのです。「あなた」が発した心からの言葉を、わたしは受け止め、味わい、考える。そして、〝そうか、そういう見方もあったか〟と教えられ、自分の考えがさらに深まる。そして「わたし」の言葉を、「あなた」に返してゆく。

親友と話していると、いつも、何か「わたし」を深く与《あた》え返されるという経験をしました。わたし自身が気づかなった「わたし」のもう一つ深い次元、日常では感じ取ることのできない内なる自分の次元へと連れて行ってくれる。親友との対話の後は、自分自身との深い対話に誘《いざな》われるのが常でした。親友同士、言いたいことを言い合って、互《たが》いに注意深く聞き合うと、あとは、沈黙《ちんもく》がやってきます。この沈黙がわたしはとても好きでした。次に何を言おうか、と言葉を探す必要はないのです。ただ、お互いにそこにいることがうれしい、沈黙の中でわたしたちはそのことを味わいました。わたしが「わたしらしい」と感じられる瞬間《しゅんかん》、それを分かち合える相手がいる、という喜び。生きることの喜びは、言葉にできないこんな瞬間に訪れます。

わたしが親友を通して、わたし自身へ深く与え返されたように、彼女もまた、わたしを通して、彼女自身の深い次元、内なる自分の次元へ降りていったに違《ちが》いないのです。「彼女らしさ」を感じていたに違いないのです。人間は決して、ほかの人には踏《ふ》み込《こ》めない次元があり、それがその人の尊厳なのだ、ということも、親友とのつきあいで学ぶことができました。人生のはじめに、このような生きる喜びを知ることができたのです。

今、10代のあなたは、きっと携帯《けいたい》電話を通してたくさんの友だちをもっていることでしょう。ラインやツイッターで、遠く離《はな》れている友だちとも「会話」を楽しんでいることでしょう。でもその中の何人と、本当に心が通じ合っている、と言えますか。

10代のあなたに、わたしが二つ目に勧めたいのは、多くの友だちをもつことで安心するのではなく、〝たった一人でもよいから本心を打ち明けられる親友を見つけてほしい〟、ということです。「わたし」にとってかけがえのない「あなた」を発見することで、またかけがえのない「わたし」を発見することへとつながるからなのです。

わたしたちの思いを超えた「生きること」――「影との戦い」

親友を与えられるという幸いな経験はありましたが、わたしの人生の重荷は、他の10代の子たちと同様に依然《いぜん》としてありました。

　わたしが10代の後半、信頼《しんらい》し支えてもらっていたもう一人の父親のような方との別離《べつり》を経験し、精神的な危機に陥《おちい》った時、偶然《ぐうぜん》に巡《めぐ》り合い、助けてもらった本をあなたにも紹介しましょう。アーシェラ・ル・グイン『ゲド戦記——影《かげ》との戦い』（岩波少年文庫、２００９年）です。

　この物語は、アースーシーという架空《かくう》の世界が舞台《ぶたい》で、魔法使《まほうつか》いや竜《りゅう》が登場します。ゲドという魔法使いが物語の主人公です。その世界では、あらゆるものにはひとつひとつ「真《まこと》の名」がありますが、それは隠《かく》されています。人間も普段《ふだん》は「仮の名」で生活をしており、成人の儀式《ぎしき》で初めて「真の名」が与えられます。あらゆるものの「真の名」を知っているのは、魔法使いであり、彼らは学びと訓練の末に、魔法を自由に操ることができます。

「仮の名」というのは実に言い得て妙《みょう》です。わたしたちは日常生活の中ではだれもが「仮面」を使い分けて生きています。学校での自分、家での自分、友だち関係での自分などなど、その「仮面」を使い分けている中心人物、真の自分がその奥《おく》にいるのです。自分とは何だろう？とわたしたちがつい考えてしまうのは、このように場面場面でさまざまな自分が「わたし」の中にいて複雑にからみあっているからなのです。『ゲド戦記』は、そんなわたしたちの世界のリアルをファンタジーの世界で見せてくれるのです。

「ハイタカ」という呼び名の少年が、才能を見いだされて、「ゲド」という真の名を与えられ、大魔法使い「沈黙のオジオン」について魔法使いの修行を始めますが、さらに魔法学院のあるローク島で学びを続けます。彼はそこでライバルに対する高慢《こうまん》と嫉妬《しっと》と、自分を偉《えら》く見せたいという思いから、形も名もない「影」を呼び出してしまいます。あらゆるものに真の名があり、それを知ることで魔法を操れるのに、この影には名がないのです。ゲドは名前のない影と戦うことはできず、仕方なく逃亡《とうぼう》しますが、影に追われ、何度も追《お》い詰《つ》められ、死線をさまようような危機に陥《おちい》ります。逆に影はゲドの真の名を知っており、それを操ることでゲドを破滅《はめつ》させようと狙《ねら》っているのです。師のオジオンに、影に向き直るよう助言されたゲドは、今度は影を追い詰めるべく狩《か》りに出かけるのです。遂《つい》にゲドがその影と正面から対決した時に、ゲドは影の真の名を摑《つか》むのです。

10代のあなたにわたしが特に伝えたいのは、『ゲド戦記』にあるように、人生は思いどおりにはならない、という状況《じょうきょう》をすべての人が体験し、何とか折り合いをつけながらその荷を負って生きている、ということなのです。現実にあるいじめや差別、自分の中の愚《おろ》かさや弱さ、それを生き抜いていくことの辛《つら》さに、わたしがそうであったように多分あなたも直面していることでしょう。

『ゲド戦記——影との戦い』で、わたしが非常に感銘《かんめい》を受けたのは、主人公ゲドが名前のない影に何度も追い詰められながら、師の助言もあって、逃《に》げるのではなく、それに正面から対決しようとするところです。思いどおりにならない現実を彼は受け入れ、それでも前へ進んで積極的に戦いを挑《いど》んでゆくのです。そして彼はついに影の真の名を摑み、影とゲドは一つになるのです。

ゲドは勝ちも負けもしなかった。自分の死の影に自分の名を付し、己を全きものとしたのである。すべてをひっくるめて、自分自身の本当の姿を知る者は自分以外のどんな力にも利用されたり支配されたりすることはない。彼はそのような人間になったのである。もはやゲドは、生を全うするためにのみ、己の生を生き、破滅や苦しみ、憎《にく》しみや暗黒なるものにその生をさし出すことはないだろう。

わたしたちは生きてゆく上で、どうにも解決のつかない問題にぶち当たります。その時に、地道にこつこつと「善の方向」へ歩みだすのか、結果をまず先に求めて、利用したり支配したり力でねじふせようとする「悪の方向」へゆくのか。悪に誘惑《ゆうわく》されるのは、大きな試練ですが、その中でわたしは人を利用したり支配したりしない、と決断することもできます。自分の中にある悪を自覚し受け入れ、その方向へ進まない、と決断した者は、その力に支配されることはありません。しかし、その悪から目をそらし、見ようとしない者は、容易にその

力に取り込まれてしまうのです。
思春期から青春期の本当の戦いは、自分でも思いもよらないような問題にぶち当たった時に、立ち現れてくるさまざまな自分を、どう受け止め、受け入れ、一つとしてゆくかの戦いなのかもしれません。そのような戦いを経て、はじめてゲドのように「自分以外のどんな力にも利用されたり支配されたりすることはない」人間になれるのかもしれません。そのようなわたしたちの葛藤《かっとう》を、闇《やみ》を照らしてくれるのは、光です。わたしたちをこのような存在に創《つく》られた大いなるもの——すべてのものの創り主である神から照らされている光をわたしは信じています。
振《ふ》り返《かえ》れば、10代のわたしを照らしてくれたのは、この光でした。わたしたちはなんのために生きている？　この答えは、一人ひとりがその人生を歩む中で見出してゆくしかないものです。あなたのかけがえのない10代を、全力で生きてください。その先にはきっと、今まで見えなかった風景が広がっています。人生は思いどおりにならない——だからオモシロイ！　とあなたがきっと言える時が来ると信じて。

（いしい・ちえみ）

おすすめの本・映画

ミヒャエル・エンデ『モモ』（岩波少年文庫、2005年）／梨木香歩『僕はそして僕たちはどう生きるか』（岩波現代文庫、2015年）／辻邦夫『廻廊にて』（新潮文庫、1973年）／『ブラザー・サン・シスター・ムーン』（フランコ・ゼフィレッリ監督、1972年。イタリア・イギリス合作映画）

家族や友だちとの関係に悩んだら

こんばんは。あなたに手紙を書くことを決めて、どんなことを書いたらいいかとても悩《なや》んでいます。私が中高生だったころから長い時間がたってしまったから、あのころの気持ちがわからなくなってしまいました。でも覚えていることもあります。あのころ、嫌《きら》いだった人のこと。あのころの私は、表と裏のある人が大嫌いで、言っていることとやっていることが違《ちが》うおとなが大嫌いでした。子どもの前では偉《えら》そうにいろいろ言っているのに自分には甘いおとな、生徒に言うことと他の先生たちに言うことが違う教師。

今、おとなになり、学校牧師として働いて、私は中高生のころに嫌いだったようなおとなになっていないかなと不安になります。私はそんなおとなではないと思いながら、生徒からは、裏表のある、言っていることとやっていることの全然違うおとなだと思われているかもしれません。私自身が見ている――認識している――私と、私の生徒や周りの人が見ている――認識している――私は同じではないから、わからないのです。

自分が思う自分　他の人から見た自分

あなたは録音した自分の声を聞いた時に、「あれ？　私ってこんな声だったかな」と思ったことはありませんか？　他の人に自分の声はこんなふうに聞こえているのかと驚《おどろ》いたことがあります。自分ではもっと素敵な声で話をしているつもりだったのに、録音した声はカエルみたいな声でした。

私が思っている自分の声と録音した声が違うことには理由があります。口から出た音は、空気中を伝わっていき、耳に届きます。空気中を伝わってきた音を「気導音《きどう》」と呼びます。周りの人はこの気導音だけを聞いています。しかし、声を出した本人は、気導音のほかに自分の声帯の振動《しんどう》が頭蓋骨《ずがい》を通じて伝わる「骨導音《こつどう》」も聞いています。録音した音を聞く時は、気導音だけを聞いているのです。だから、他の人が聞いている私の声や録音した声と、自分が聞いている自分の声は異なるのです。

もしかしたら同じように、あなたが思っている「自分」と周りの人が見ている「自分」は、違うのかもしれません。あなたは自信がなくてダメなところばっかりと思っていても、友だちには、いいところが見えていて、うらやましいと思われているかもしれないし、反対に自分は周りによく思われているはずと思っていても、周りの人の目はもっと厳しかったりもし

ます。それに加えて、他人といっても私たちの周りにはたくさんの人がいますから、その人たちがそれぞれあなたをどう見るかは異なります。つまり他人の中の「自分」は、それぞれみんな違うのです。さらに、他人の中の「自分」は、他人の中で変化します。あなたも4月に新しいクラスであの子はこういう子だと思っても、仲良くしてみたら、思っていたのとはちょっと違ったと思うことがあるでしょう？　そうやって、他人の中の「自分」も変わっていくのです。

　また、わざと自分の思っている「自分」と他人の中の「自分」を変えようとしている人もいるかもしれません。あなたもそうすることがあるかもしれませんが、私は周りの人によく見せたいと思って、SNSにはちょっとでもかわいく見える写真、楽しいことをしている写真、おいしいものを食べている写真ばかり投稿《とうこう》しています。疲《つか》れ果ててゴロゴロしている姿や、うまくいかなくて悩んでいる写真は投稿しないでしょう？　あなたがうらやましいと思っているだれかだって、本当の姿ではないのかもしれません。さらには、自分自身にだって本当の「自分」がどんな人なのかよくわからないのです。ある時は頑張《がんば》り屋さんで優しいけれど、ある時は弱虫だったりしますよね。

　このように「自分」は自分でもよくわからないし、自分が思っている「自分」とも違う他人の中の「自分」が、その他人ごとにたくさんいて、さらにそうしたものが変化していくと思うと、もうどうしたらいいのかわからなくなってしまいます。

「極めて良い」、だからどうか自分を責めないで

私たちは自分自身の姿を確かめることはできません。もし、私たちが自分を確かめることができるとしたら、それは、変わらない、絶対的な基準に照らし合わせることです。聖書では「神さま」が世界を造り、私たち人間を造ったと教えています。造られた者同士の中で、自分たちがどんな姿なのか探すよりも、造った「神さま」に「どうやって造ったの？」と聞いてみればいいのかもしれません。聖書にはその答えが書いてあります。「神はお造りになったすべてのものを御覧《ごらん》になった。見よ、それは極めて良かった」（『創世記《そうせいき》』1章31節）、「わたしの目にあなたは価高く、貴《とうと》い」（『イザヤ書』43章4節）。

「お造りになったすべてのもの」にはもちろんあなたも入っています。あなたを見て神さまは「極めて良かった」と言うのです。そして、神さまの目には、あなたは価高く貴く映っているのです。それでもあなたは思うかもしれません。弱くていいところもない私のことを本当に「極めて良い」「価高い」なんて言ってくれるのだろうか……。他のだれも私にそんなことを言ってくれないのに。

こんな話を聞きました。あるおじいさんが孫の幼稚園の保護者参観に行きました。教室には子どもたちが描《か》いた絵が飾《かざ》ってありました。まだ年少さんですから、何が描いてあるかよ

くわからない絵です。孫の名前が書いてある絵を見つけて、おじいさんは満足そうにおばあさんに言いました。「いちばん上手だね。特にこれ、これはお花かな。本当にすばらしいね」。しばらく他の絵を見ていると、同じ名前がもう一つありました。今まで遊んでいた孫がやって来て、自慢《じまん》げにその絵の前で、「おじいちゃん、私の絵上手でしょう」と言います。先ほどの絵は、同じクラスにいる同じ名前の他の子どもの絵だったのです。本当の孫の絵の前でおじいさんは「そうだね。よく見るとやっぱりこっちがいちばん上手だよ。この色使い。やっぱりいちばんだね」と恥《は》ずかしげもなく言うのです。

この話をしてくれた人は「家族とはそういうものだ」と言いました。自分の子どもがいちばんかわいい。自分の孫がいちばんかわいい。そう思うものだというのです。私には子どもがいませんから、この気持ちがよくわかるとは言えませんが、理解できる気がします。私の両親はもうおとなになった私に対してでも「あなたが幸せになるためならどんなことでも我《が》慢《まん》できるし、どんなことでもできる」、そう言ってくれます。

このおじいさんと神さまは似ています。おじいさんは孫の絵の色合いやお花が上手だったからではなく、自分の孫の絵だからいちばんすばらしいと言いました。同じように神さまも、あなたがかわいく、背が高く、頭がいいから「極めて良い」と言ったのではなく、あなたが神さまの大切な子どもだから「極めて良い」と言ったのです。

でも、もしかしたらあなたは、「大切な子どもだから」という言葉に違和感を覚えるかもしれません。家族との関係について苦しんでいれば、「子どもだから大切」という言葉は聞きたくないかもしれません。お父さんとうまくいかない。お母さんが嫌い。お父さんはどうして妹ばかりかわいがるのかな、私を好きじゃないのかな。お母さんはお兄ちゃんだけを大切にしている気がする、私のことも考えてほしいのに。ケンカしているお父さんとお母さんを見ると悲しい気持ちになる。

　自分自身と家族のだれかの関係がうまくいかないことにも苦しみ、家族の中のだれかとだれかが仲良くできないことにもつらい思いをします。「家族とは、お互《たが》いが愛し合って、お互いが理解し合って当然だ」と思われているために、自分自身も「家族なのにどうして」とさらに苦しむのです。そして、周りの人に相談した時に「家族なんだから、血がつながっているんだから」と言われてもっと苦しみます。私もいちばん身近にいる人、一緒に生きていこうと決めた人との関係に苦しんだ時に、周りの人に助けを求めると、教会の友人たちは「神さまが一緒にいるように導いてくださったのだから」とアドバイスしてくれました。もちろん、そうだと思います。でも、そう言われると「神さまが一緒にいるように導いてくれたいちばん身近な人」と仲良くできないこと、好きになれないことにさらに悩むのです。

　あなたも「家に帰りたくないな。少しでも家にいる時間を少なくしよう」、そう思って、近くの駅からバスに乗らずに歩いて帰ったり、目的もなく歩きまわったりして、帰らなきゃいけないと思いつつ、関係がうまくいかない家族がいる場所に戻《もど》りたくない時があるのではないでしょうか。そうしているうちに、だんだん家にいない時間が増えて、お友だちや先輩《せんぱい》の家に泊まる日もでてくるかもしれません。

もし、あなたがそんな状態にあるのなら、自分自身のことを責めないであげてください。今まで十分頑張ったはずです。自分が変わればどうにかなるのではないかと思って、いろいろしてみたと思います。それでも状況《じょうきょう》を変えられないから、悩むのです。あなただけじゃなくて、みんな弱いのです。みんな優しくしたいと思うのに、それができないのです。みんなゆるしたいと思いながらできずに、そしてそんな自分に苦しみながら、関係を作れずにいるのです。おとなだって同じです。そんな時は「私は弱い、できないから（神さま）助けてほしい」、そう開き直ってもいいのではないでしょうか。

わたしたちを大切にしてくださる神さま

以前、ある有名な社会学者の講演を聞いて、そのあとで行われるパネルディスカッションのパネラーを頼《たの》まれたことがありました。どんな話の流れだったか覚えていないのですが、学校牧師である私が「生徒たちには、味方が一人もいないと思うような状況でも、神さまはあなたの味方で、あなたのことを愛してくれていると伝えたい。神さまに愛されていると自信を

もってほしい」ということを言いました。するとその学者の方は「どこにいるかわからない、いるかいないかもわからない神さまじゃなくて、生徒たちは先生あなたに抱《だ》きしめてほしいと思っている。先生に愛してほしいと思っているのではないか」とおっしゃいました。私は言い返したいと思いました。でも何も言うことができなかったのです。「私には愛してあげられない」なんて、そんな情けないこと言えなかったのです。心の中では「もし、それが私にできたら、私だってしてあげたい。でも、私は弱くてできない。私ができないからって、生徒を失望させたくない。そんな私の弱さを神さまが補ってくださる、神さまが生徒を助けてくれると信じているのに……」、そうなげいていました。

学校で牧師として働くなかで、どうしても助けてあげられない生徒がいます。寄り添《そ》ってあげたいと思いながら、その子が考えていることがどうしても理解できない、どうしてそう思うのかも、どう考えたらそうなってしまうのかもわからないことがあります。また、どうしてもうまくいかない、お互いが好きになれない生徒もいます。「牧師なのに」「先生なのに」そう思うかもしれませんが、苦手な人、うまく関係を築けない人がいるのは事実なのです。おとなであれば、適当な距離《きょり》を取ってやり過ごすこともできます。

でも、それが家族であれば、おとなになるまでは離《はな》れられないのです。担任やクラスの友だちであれば、少なくとも一年間ほぼ毎日顔を合わせるのです。私たちは好き、嫌い、うまくいくうまくいかないにかかわらず、だれかと一緒に日々を過ごしているのです。

では、ずっと我慢して、ずっとつらいまま過ごさなければいけないのでしょうか。もちろん、今、関係をよくする努力をして解決すればそれはすばらしいことです。関係をよくしようと努力をして解決していく経験も必要です。でも、それができないならば、頑張れば頑張るほどつらいならば、神さまに助けてもらえばいいんです。「私たちの間に神さまがいる」「私と私が嫌いなあの人の間に神さまがいる」と思ってください。私の嫌いなあの人と直接、話をするのは嫌でしょう。だから、神さまを間に挟《はさ》んで話すのです。

私たちはみんな弱い人間です。「嫌い」、そう思うことだってあります。ひどいことをされれば、こんなことをされて愛せるわけがないと思うかもしれません。だけど、あなたを大切にしてくれる神さまにとって、その人も大切だってことを心の隅《すみ》に置いておいてほしいのです。周りの人とどんな関係を築けばいいかなんて、その時々で違います。でも、あなたには、「私は神さまに愛されている。私は大切な人」、その確信を持ってほしいと思います。そして、あなたが向き合おうとしている人も、一緒にいるのが楽しい人も、逆に顔を見るのも嫌な人も、神さまに愛されていて、神さまにとって大切な人だってことをどうか忘れないでください。

（みかわ・ゆきこ）

〈コラム〉

SNSとの付き合い方

インターネットという「仕組み」が誕生したのは、ちょうど私がみなさんと同じ年ごろだった1980年代半ばと言われています。今ではだれもがいつでも気軽に使える身近なものになったこの仕組みも、その当時はとても高額だったコンピュータをもつ一部の限られた組織や大企業《きぎょう》でしか使うことができないものでした。

この「仕組み」は、技術の進歩とともに、驚《おどろ》くほどのスピードで広まりました。そしてEメールやウェブサイトなど、これまでなかった新しいサービスが次々に生まれました。なかでも便利で楽しい「SNS」は、登場するやいなや大人気となりました。そしてその広がりと同時に、私たちの住む地球全体の距離《きょり》を短くしてくれたように思います。

SNS、よく聞く三文字ですが、みなさんはこれがどんなものだか知っていますか？　これはソーシャル・ネットワーキング・サービス（Social Networking Service）の略で、インターネット上の交流の場として世界中で利用されているサービスのことです。例を挙げると、ツイッター（Twitter）、フェイスブック（Facebook）、インスタグラム（Instagram）、ライン（LINE）などなど、みなさんも一つぐらいはアカウントをもって使っているのではないでしょうか。しかも、そのほとんどが無料なので、インターネットに接続さえできれば性別・年齢《ねんれい》・国籍《こくせき》・職業などを問わず、す

長所

- ☆だれでも自由に参加できる
- ☆いつでも好きな時に使える
- ☆たくさんの人に素早く情報が伝わる
- ☆自分の思ったことが書ける
- ☆匿名でも使える
- ☆便利な機能がたくさんあり、自動で使える

短所

- ☆悪意のある人も参加できる
- ☆相手の都合を考えずに使える
- ☆一度拡がった情報は取り消すことができない
- ☆情報をどう受け取るかは見た人次第
- ☆本当はだれが書いたかわからない
- ☆知らない機能（GPSなど）が勝手に使われている

べての人が平等に参加できるのです。

なんとすばらしい世界になったことでしょうか‼　離《はな》れた人との連絡《れんらく》は手紙と電話（しかも線の繋《つな》がった……）しかなかった三十年前には考えもつかなかった大発明です！　こんなにすばらしいサービスなのですから、使わなくてはもったいないし、ぜひ使ってほしいです。正確に言うと「使いこなして」ほしいのです。そのためには、まずSNSをよく理解することが大切です。

ここで、SNSの長所と短所を上の表にいくつか挙げてみます。左と右、長所と短所を見比べてみてください。この二つは裏表の関係であることがわかると思います。便利で楽しいSNSですが、実は思わぬ危険もあわせもっているのです。

では次に、「危険」について考えてみましょう。実際にこんなことが起こりました。33ページの表をみてください。

SNSでのトラブルは、だれにでも起こり得ることです。小さな行き違《ちが》いや思い違いも、画面の上では大きくなるばかりで、簡単には解決できません。そもそも画面上に書かれていることはお友だちの本心ではないかもしれないし、もしかしたら書いているのは本人

SNSのトラブルの相談先

まずは身近なおとなに相談することが一番！！

でもそれが難しいときは……

☆24時間子供SOSダイヤル（文部科学省）0120—0—78310
☆子どもの人権110番（法務省） 0120−007−110
※どちらも通話は無料です。

インターネット上の問題はインターネットの中では解決しません。

勇気を出して言葉で伝えることが大切です。


ではないかもしれません。SNSは便利な仕組みではありますが、コミュニケーションを「補う」方法のひとつにすぎないのです。過度に頼《たよ》らずに、正しい知識を身に着けてマナーを守って使ってください。そうすれば、きっとみなさんの生活がより便利で楽しくなるでしょう。

コミュニケーションの基本は、お互《たが》いに面と向かい合って直接気持ちを伝えることです。うれしいこと、悲しいこと、さみしいとか恥《は》ずかしいとか、その時にもっているさまざまな感情を伝え合いお互いの理解を深めることで信頼が生まれ育まれるのです。


「画面を見る時間より一緒にいる時間を大切に」

SNSと上手に付き合うための私からのアドバイスです。

（しもだいら・りょうこ）

【ケース1】

友だちから紹介されたという人からメッセージがきて、メールアドレスを交換したいと言われたので教えたところ、迷惑メールがたくさん届くようになった。「ヘンだな」と思って友だちにきいたら、「そんな人は知らない」と言われてしまった。

⇒　ＳＮＳでは友だちの友だちも自分の友だちだと勘違《ちが》いしがちです。本当に知っている人以外とつながるのは危険です。

【ケース2】

仲良しグループで毎晩チャットをしているけど「眠くても付き合わないと仲間外れになるのでは」と心配でやめられない。

⇒　みんなが同じ時間に都合がよいわけでありません。無理は禁物、楽しめる範囲で参加しましょう。

【ケース3】

たまたま一緒にいた男子と女子の写真を撮って冗談のつもりでカップルとしてアップしたら、翌日にはクラス中でうわさになっていて、大変なことになってしまった。

⇒　ＳＮＳでは情報が一瞬のうちに拡がり、訂正や取り消しができません。投稿《とうこう》を削除しても、一度発信した情報が消えることにはなりません。

【ケース4】

愛犬の写真を自分の部屋でスマホで撮ってアップしたら、知らない人が「可愛い犬を飼っているね」と言って、家まで来た。

⇒　スマホの位置情報（GPS）機能がオンになっていると、写真の中に撮影場所の情報が記録されます。知らずにＳＮＳに投稿すれば、写真から場所が特定できてしまうのです。

どうせ死ぬけど——

中学生のころから、頑張《がんば》る意味がわからない時期が続きました。だってどんなに頑張っても最後はみんな死ぬでしょう？　どうせ死んでしまうのになぜ努力するのか、生きるのか、考え出すとわからなくなってしまったのです。

小さいころは、ほめられれば頑張りました。頑張った先の成功を見つめて走れました。しかし、身長が伸《の》びれば少し遠くが見通せるように、学年が上がると、人生の先の先が見えるようになります。するとその先の先に「死」がドーンと突《つ》っ立っているではないですか。「あれ～」と思いました。勉強して、働いて、だれかと一緒になって家庭をつくることを多くの人は当たり前のようにやっていますが、結局その先に待っているのは死ぬことだけ……。となると、私もあなたも死ぬために頑張っていることになります。

高校時代、この「謎《なぞ》」を解くため、担任の先生に聞いてみました。

「先生は、何のために働いているのですか？（どうせ死ぬのに！）」

もちろん、カッコの中は言葉にしません。でも、聞きたいことはまさにそれ。

先生は歯切れの悪い声で答えました。

「……塩谷、俺《おれ》が働かなかったら、家族が困るだろうが……」

今考えれば、残酷《ざんこく》な質問でした。しかし当時は、もう本当に、ガックリ来ました。悟りました。こういう謎は、学校では教えてもらえないのだと（また先生に聞いてはいけないのだな、と）。おとなたちは立派なことをあれこれ言うけど、そこに本当のことなんてありはしないぞ、ただ一つ本当のことは、今のところ「死」だけだな、と。そう考えると、勉強も遊びも目の前の景色もすべてよそよそしく感じられました。聖書の次の言葉は、当時の私の気持ちをよく表しています。

これも死に、あれも死ぬ。……すべては空《むな》しく、すべてはひとつのところに行く。すべては塵《ちり》から成った。すべては塵に返る。

（『コヘレトの言葉』3章19～20節）

そのころの私に言わせれば、真理とは「1＋1＝2」ではありません。すべて死ぬ、どうせ死ぬ。これぞ真理でした。その証拠《しょうこ》に、どんな文であっても「どうせ死ぬけど」という言葉をうしろにつなげると文章が完成です。ためしに、以下の言葉のうしろに「どうせ死ぬけど」をくっつけ声を出して読んでみましょう。

「お母さん、今日のオムライスおいしいね！」
「お父さん、昇進《しょうしん》おめでとう！」
「〇〇ちゃん、高校合格おめでとう！」
見事な文章になりますね。こんな文章を完成させてニヤニヤしながら中学、高校、浪人《ろうにん》時代をどうにかやり過ごした私でした。

人生はしばしば砂時計にたとえられます。

上にたまった砂の一粒《つぶ》一粒を、私たちの毎日の命、と考えてみましょう。昨日という一日の砂粒はすでに下に落ち、今日という砂粒も今、落ちようとしています。そんな毎日が繰《く》り返され、やがていつの日か最後の一粒が下に落ちて私たちの命は終わる——死が完了するわけです。そう考えると、死はある日突然やってくるわけではない、毎日毎日、あなたも私も少しずつ死んでいます。ただそのことに気付かない、いや気付かないように忙しく（遊んだり、勉強したり、ゲームしたり、メールしたり）しているだけなのでしょう。

同時に、人生はオセロゲームの石のようなものだとも思いませんか。

オセロでは、私の「白」石がどんなにきれいに並んでいても、敵の一つの「黒」石で、あっという間に「白」石の行列がひっくり返されてしまいます。あのはかなさといったらありません！　そうです、白の裏側に黒があったのです。これは私たちの命そのものです。死は、

何となく将来の遠く、ずっと続く地平線の向こう側にぼんやりあるように感じていません？でも違《ちが》いますって。死は、いつだって私たちの体の裏側にピタリと張り付いています――「白」の裏側に「黒」が張り付いているように。いつの日か私たちも、全員あっけなくひっくり返って「黒」になり、二度と裏返ることはない……。

さて、あれこれ考えているうちに、私は大学生になってしまいました。考えなきゃいけないことは多いのに、何ひとつまともな答えを与えられず、多くの若者と同じく空回りばかり繰り返し、私は20歳《さい》を前にして、もう十分に疲れて老人のようです。何をやっても面倒《めんどう》くさく「人生こんなもんだろうなァ～」とふてくされたような態度でブラブラしては、出会った人にからんでいました。それでいて、人々や社会の問題が目につき、他人を批判することだけは上手な、面倒くさい男でした。

その途中に、聖書に出会いました。面白い言葉がいくつか目に飛び込んできました。たとえば、

「人は皆、草のようで、
その華《はな》やかさはすべて、草の花のようだ。

草は枯《か》れ、
花は散る」。

(『ペトロの手紙一』1章24節)

ああ、聖書もおんなじこと言ってる。どうせ死ぬんだよ……。
でも意外にも、そのあとにこう続いていました。

「しかし、主の言葉は永遠に変わることがない。」

(同25節)

これこそ、あなたがたに福音として告げ知らされた言葉なのです。

人生の曇《くも》り空のすきまから、日がチラリと差しこみました。どうせ死ぬのです、あなたも私も。聖書も同じことを言っています。でも聖書は、どうせ死ぬその私に、永遠に変わらない言葉が与えられている、「どうせ死ぬ私」に「絶対死なない神さま」が一緒にいてくださる、と語るのです。そしてそれこそが「福音=良い知らせ」だと言います。

求めていたものが見えてきたような気がしました。どうも私は、「死」が嫌《いや》というよりも、この「死」をだれも受け止めてくれないことが怖かったのです。一人で生まれ、一人で死ぬことがたまらなくさびしかったのです。しかもそのことを、みんなが見ないふりをすることが気持ち悪かった。けれど聖書によると、この「死ぬ私」を「死なない神さま」が受け止めてくれ

るらしい。砂時計のように命は尽《つ》きますが、砂時計そのものを手に包みこむ神がいました。オセロの石が黒にひっくり返っても見捨てず、拾いあげ、大切に持ち帰る神がいるようです。

それまで「どうせ死ぬけど」というフレーズを文のうしろにくっつけて、意地悪く他人と自分を見下して笑っていました。たとえば、「テスト勉強頑張るか――どうせ死ぬけど」みたいに。けれど、聖書を知ってそのフレーズが前に移動しました。「どうせ死ぬけど――でもテスト勉強頑張ろう」という形に。なぜでしょうか。それは、文の最後に新しい言葉が割り込んできたからです。その言葉とは「死なない神が一緒ならば」です。

そうです、気がつけば私は、こうつぶやくようになりました。

「どうせ死ぬけど――でもテスト勉強頑張ろう――死なない神が一緒ならば」

こう唱えるようになったからといって、一気に人生の曇り空が晴れ渡ったわけではありません。ただ、ひたすら自分を傷つけたり、むやみに人を責めたり、果てしなく落ち込むということ――自分や他人やこの世界を見下すこと――が少なくなりました。それどころか生まれてきた自分を、他人を、世界を初めて大切にできるようになりました。だって「どうせ死ぬけど――でも○○しよう――死なない神が一緒ならば」と唱えるようになって、逆に死ぬことの意味が見えてきたのですから。

まず「死ぬ」から世界は美しい、と知りました。

造花と本物の花、どちらが美しいですか？　本物の花でしょう？　なぜ？　それは「本物の花」が枯れるから。青春はなぜ美しい？　それは終わるからです。いつまでも若かったら化け物です。この映画になぜ感動したのですか？　二時間で終わるからです。何十時間も続く映画なんて、飽《あ》き飽きしてしまいます。

しかも「死ぬ＝別れる」ことで、人生は深められると気付きました。

あなたも、これからたくさんの出会いを重ねることでしょう。しかし同時に、出会いの数と同じだけ、別れなければなりません。どんなに別れたくなくても、最後は「生き別れ」か「死に別れ」のどちらかが待っていますので。もちろん若いころはどんどん出会いを重ねる季節です。出会いは人生を広げます。けれど人生もある時期を過ぎると、別れた人、消えていった人が目立ち始めます。これは悲しいことでしょうか。いいえ、当然のことであると同時にこれもまた必要です。なぜなら別れは、人生を深めるからです。

冬に一本の大きな木を眺《なが》めてみましょう。若いころは、その幹《みき》を見て触れて味わいます。地面に落ちた枯れ枝から、何か工作ができるかなと想像し、伸びゆく枝葉に自分の将来を思います。

しかし齢《とし》を重ねると見えるものが変わります。深い根っこ。枝の中で春を待つ葉っぱの赤ちゃん。いずれ、この木も私も地上から消えてなくなるということ。思えば私も小さいころ

木に登って降りられなくなったこと（下にいじめっ子がいたから降りられなかったなあ）。妻と結婚前、付き合っていたころ、木の下に座っていつまでも話していたこと（照れるなあ）。若いころには聴こえなかった深い、遠い音楽が鳴り響いてきます。自分の将来より過去が見えます。いや、過去を通して永遠が垣間見えます。やがてそれは、自分が今まで生かされてきたことへの静かな驚《おどろ》きに変わり、気がつけば神さまへの感謝で終わります。そう思えるようになったのは、多くの出会いがあったからというよりも、多くの死、別れを体験したからともいえます。

死は空しいものです。自分、大好きな家族、友だち、ペットが死ぬなんてたまりません。でも、そうした死にゆくものに、死なない方が永遠に寄り添《そ》ってくれるのであれば、どうにか耐《た》えられる気がします。

死は避《さ》けたいものです。でも、死は必要です。それがなければ、私たちには美しさがわかりません。この世界は造花（ニセモノ）だらけになってしまいます。

死や別れは嫌《きら》いです。でもそのことを通して、私たちは人生を深めます。生かされていることの驚きと感謝に満たされていきます。だから大丈夫《だいじょうぶ》、恐れないで――あなたが多くの別れを受け止め、たくましく、しなやかなおとなになれるよう祈っています。

ユダヤ人のアシャー・レブはこどものころ、歩道の上に死んだ小鳥を見つけ、父親に問いかけました。

「死んでる、パパ？」そのときわたしは六歳で、自分ではとてもそれを見る気になれなかった。

「うん」父の声は悲しそうで、遠くから伝わってくるかのようだった。

「なぜ死んだの？」

「生きているものはみんな死ななければならないのだよ」

「みんな？」

「そうだ」

「パパも？ママも？」

「そうだ」

「ぼくも？」

「そうだ」そして、父はイーディシュ語でつけくわえた。「だが、願わくは、おまえは長い、うつくしい一生の後に死を迎《むか》えることになるように、アシャー」

わたしにはその意味がわからなかった。見たくなかったけれども、小鳥を見た。生きているものはみんないつかこの小鳥のように動かなくなってしまうのだろうか。

「どうして？」
「永遠の主はそのように世界をお造りになったのだ、アシャー」
「なぜ？」
「生命を貴《とうと》いものとするためにだよ、アシャー。いつまでも自分のものにしておけるようなものは、けっして貴くないのだ」
（ヘンリ・J・M・ナーウェン他『闇《やみ》への道　光への道』こぐま社、1991年より）

どうして神さまは、みんなが死なない世界を作らなかったのでしょう。それはきっと、「貴い世界」を作りたかったからでしょう。だってアシャーのお父さんの言うように、死なずに「いつまでも自分のものにしておけるような」世界なんて、全然貴くないからです。

本当に貴いものは人間のものにはできません。貴いものはすべて神さまのものです。だったら貴い命だって私たちのものになるはずありません。命は、ただ、神さまのものです。

どうせ死ぬけど――死にゆく私から、死にゆくあなたへの手紙、やっと書けました。死なない神さまが、今日も私と一緒にいてくれたから。神に与《あた》えられた限りある命の中で、かけがえのないあなたが、美しく、豊かに、深く、十分に生きる＝生かされますように。

（しおたに・なおや）

〈コラム〉大切なひとをなくしたキミへ……

「大好きだった○○さん、なんで死んじゃったの？」

「なんで○○ちゃんは、こんなふうに天国に行っちゃったんだろう……」

「もう会えない。この悲しい気持ち、どうすればいいんだろう……」


そんな思いをもって、この本を読んでいるキミ、本当につらいことだと思います。わたしたちは、悲しいけれども、生きているなかで必ず〝死〟という出来事にであいます。いったいそんなとき、わたしたちはどうすればよいでしょう？


そんなとき、そっとわたしたちに寄りそってくれる本を1冊紹介したいと思います。

『でも大丈夫。神さまがいつもいっしょにいて、守ってくださるから。―大切な人を失ったとき―』（文・たかはしていじろう／絵・しおたになおや）です。日本キリスト教団鳥《とり》居《い》坂《ざか》教会（03-3401-8704）に電話して注文すると、送ってもらえます（1部600円）。

大切な人を天国に送って悲しんでいるお友だちを理解するためにも参考になります。よかったら、ぜひ読んでみてくださいね。

あなたのいのちは大切なもの
――虐待やDVから逃げて！

「なぜいのちを大切にしなければならないの？」、みなさんからそのように問いかけられると、おとなたちは一瞬《いっしゅん》とまどうと思います。いのちが大切なのは当然で、理由などないと答える人も多いでしょう。でも、それではなかなか納得できないですね。

私自身は、紆余曲折《うよきょくせつ》を経て、ようやく「いのちは神さまが与《あた》えてくださったものだから」と答えられるようになりました。人間には自分のいのちも、人のいのちも造り出すことはできない。いのちは神さまからの授かりもの。だから傷つけてはならないし、傷ついたら手当てをしなければならないのだと。

ここではいのちがひどく傷つけられる虐待《ぎゃくたい》やDV、そしていのちを託《たく》される妊娠《にんしん》について、お話ししてみたいと思います。

家族の中で苦しい思いをしているあなたへ

——それは虐待かもしれない

虐待されているこどもたちの思い

みなさんは、親から暴力をふるわれたり、怒鳴《どな》られたりすることがありますか？　あるいは、「いつキレるかな」と親の顔色をうかがってばかりいませんか？　家にいても安心することができなかったり、怒鳴り声が聞こえるとからだが恐怖《きょうふ》で固まってしまいませんか？

「そうしたことをするのはしつけだから仕方がない」と思い込《こ》んでいるかもしれませんし、「親の言うことは理不尽《りふじん》だけども、言い返せばもっとひどい目にあうから、とにかく嵐《あらし》の過ぎるのを待つしかない……」とあきらめていませんか。

そうした痛みや怖《こわ》い思いを、みなさんは味わわされてはならないのです。親が家族でもない人に暴力をふるったりしたら、「暴行罪《ぼうこうざい》」「傷害《しょうがい》罪」といった罪で逮捕《たいほ》され、訴《うった》えられるでしょう。親とこどもであってもそれは同じです。たとえば、親がこどもに「性的虐待」をしているなら、それは「強制わいせつ罪」「強姦《ごうかん》罪」「児童福祉《ふくし》法違反《いはん》」といった罪に問われるのです。

自分のこどもだからといって、親がこどもに思いのままに暴力をふるって支配したり、性的嫌《いや》がらせをすることは許されないのです。親による虐待はどんどん増えていて、傷つき、

こんなことは〈虐待《ぎゃくたい》〉です！！

・もし、お父さんやお母さんから、平手やゲンコツで殴《なぐ》られたり、足蹴《げ》りをされたり、物を投げつけられたりしていたら、それは……

→ 身体的虐待！

・もし、親に相談をしても無視されたり、兄弟や姉妹と比べられて差別されていたり、どんなに頑張《がんば》っても決してほめられないでけなされるばかりだったり、「お前なんか生まれてこなければよかったのに」などと言われたりして、自分は本当にこのうちのこどもなんだろうか、親は自分がいない方がいいのではないか……とさびしく感じていたら、それは……

→ 心理的虐待！

・もし、あなたが父親や兄弟に体を触られたり、セックスの相手をいやいやさせられたりしていたら、それは……

→ 性的虐待！

・もしあなたが、食事を食べさせてもらえなかったり、病気やけがをしても病院に連れていってもらえなかったり、親が帰ってこない家でいつも放り出されていたりしたら、それは……

→ 育児放棄《ほうき》！

こういった〈虐待〉は、親でも許されない違法行為です

時には命まで奪われるこどもたちも非常に多くなっています。

虐待からは逃げて！　助けを求めて！

虐待されているこどもの多くは、自分が虐待を受けているとは思っていませんし、親も自分はこどもを虐待していると思っていないことがほとんどです。だから、こどもたちへの虐待に気づいた近所の人や、保育園や学校の先生、お医者さんは「児童福祉法」や「児童虐待防止法」などの法律に基づいて、「児童相談所」、市区町村にあるこども家庭支援《しえん》の窓口、あるいは警察に通報しなければならないことになっています。ちなみに、全国の児童相談所に虐待ではないかと通告された件数は、１９９１年には１０００件程度でしたが、２０１５年には10万件を超《こ》えました。二十五年で１００倍――何という増え方でしょうか！

しかしこれはあくまで通告された数ですから、児童相談所や警察にも通報されず、家族ではない他の人が知らない虐待の数は、いったいどれだけあるのか計り知れないのです。

もしあなたが家族の中で、つらい、苦しい毎日を送っていて、その原因が「虐待」や「不適切養育」ではないかと思ったら、信頼できる学校の先生に相談したり、児童相談所に電話してください。あなたひとりだけで解決することはあまりに難しいですし、ひとりで一生懸《けん》命《めい》に耐《た》えていても、受けている傷はどんどん深くなっていくだけで何も変わりません。「自

分がこんなことをだれかに相談したら、親が恥《はじ》をかいて会社をやめさせられるのでは……」「親が怒って、自分を見捨ててしまうのではないか」「家族がばらばらになって、自分の暮らす場所がなくなるのではないか」――そのような不安から相談できない人もいるでしょう。でも大丈夫です。児童相談所で相談に乗ってくれる人は、相談した内容に関する秘密を守ってくれますし、名前を言わなくても相談に乗ってもらえます。

虐待という病を抱《かか》えた家族は、虐待を受けている本人だけではなくみんなが不幸なのです。そうした病を治していやす道は、あなたが逃《に》げ、助けを求めるところからしか始まりません。親たちが虐待をしていたことに気づき、兄弟や姉妹もそうした虐待から救い出されるために、まずあなたが自分のいのちの救いを求めてください。

「子どもの人権保障」とは?

こどもたちがひとりの人間として、安心して、誇《ほこ》り高く生きていくこと、そのために必要なのが「子どもの人権保障《じんけんほしょう》」です。私は、子どもの人権保障とは、次の三つの柱をみなさんに伝え、実現させることだと考えています。

①ひとりぼっちじゃないんだよ。

②生まれてきてよかったね。そのままのあなたが生きていていい。

③あなたの道はあなたが選び、あなたが歩いていい。

虐待は、この三つの柱をずたずたにすることです。つまり深刻な人権侵害《しんがい》ということです。虐待を受けているこどもは、一日も早くその場から逃げて、助けを求め、人権を回復されなければならないのです。

それは決して簡単なことではありません。でも私たちおとなには、みなさんがこの三つの柱をきちんと守れるようにする義務があります。

DVから身を守るために

DVって?

DV（「ドメスティック・バイオレンス」の略）とは、パートナーなどからの身体的・心理的・経済的な暴力のことを言います。

DVを受けている人（被害《ひがい》者）は、「別れ話などをすれば、相手が逆ギレして殺されるのではないか」「暴力をふるう時は怖いけれど、本当は優しい人だし……」「自分がいなくては相手は生きていけないのではないか」などという思いちがいをしてしまい、相手から離《はな》れられなくなる……、そうした悪循環《じゅんかん》から逃げ出せないのです。そのなかでさらに心身に深い傷を負い、いのちをおびやかされるまでになってしまうこともあります。そうした人たちを守るために「DV防止法《ぼうしほう》」が作られています。

こうしたDVは若いカップルの間でも起き、特に女性がその被害者になっています。これを「デートDV」と呼びます（デートDVについては61ページ以下をみてください）。そうしたデートDVの防止、被害者を助けること、傷ついた被害者が再び元気を取り戻せるようにする活動があります。

なぜDVは起こるの？——DVをする人とDVを受ける人の間にある「依存関係」

パートナーの間で起こるDVは、自分のなかにためこんださまざまな怒りをどうしようもできず、自分にもっとも身近な家族に向かって暴力的にぶつけて、自分の怒りなどを落ち着けようとするために起こるといってよいでしょう。つまり、DVは、自分の怒りを自分でコントロールできない弱さや、自分で自分の誇りを保てないという情けなさを、相手におしつけているだけのことです。

DVをする人（加害者）は、自分が暴力をするのは暴力をふるう相手に原因があるかのように言います。つまり、「相手が自分を怒らせるのが悪い」というように言うのです。そのため、被害者はののしられる度に「自分に落ち度があるから相手は怒って暴力をふるうのだ」と思い込んでしまい、自信を失い、暴力を避《さ》けるために、相手を怒らせないためにどう

したらいいのかばかりを考えるようになります。

しかし暴力や支配を「正しい」とする理由はありません。親がこどもを虐待してよい理由がないように、たとえ家族や恋人に対してであっても、怒りを暴力やおどしという形でぶつけて、相手を傷つけ、相手のいのちや人生を支配していいということはないのです。

DVを受ける人は安心した生活を送ることができず、自分がどういった人で、何をして生きたかったのかも忘れてしまい、加害者の感情や機嫌《きげん》だけに振《ふ》り回されるようになります。毎日重い気持ちで過ごすなかで、加害者の病気、弱さ、情けなさに巻き込まれ、自分もこころとからだの健康を失って病気になってしまうのです。

こうした病的な関係を「依存《いぞん》関係」といいます。加害者は被害者の傷や痛みに支えられているにもかかわらず、被害者への怒りを募《つの》らせ、暴力をさらにエスカレートさせていきます。その関係において被害者も自分を見失い、加害者から離れる道があることを忘れ、加害者に支配されながら生きるしかないと思い込む人生になってしまうのです。

しかしそうした間柄《あいだがら》は、愛とはまったく関係ないものです。愛とは、自分のいのちの大切さを知っている人同士が、互《たが》いのいのちを同じように大切にし、相手が健やかに幸せになることを願う、あたたかい関係です。でも、依存関係はまったく違《ちが》います。自分のいのちも相手のいのちも大切にできず、怒りをためこみ、相手を軽べつし、自分に自信を失っていく

こんなことをされていたら、DV かも……

- 物を投げつける
- 無理やりセックスを求める
- 殴《なぐ》ったりけったりする
- 傷つくことばかり言う
- 無視する
- 勝手にメールをみる
- 避妊《ひにん》に協力してくれない
- 借りたお金や物を返さない

DV の関係

DV をする人（DV 加害者）　　DV をされる人（DV 被害者《ひがい》）

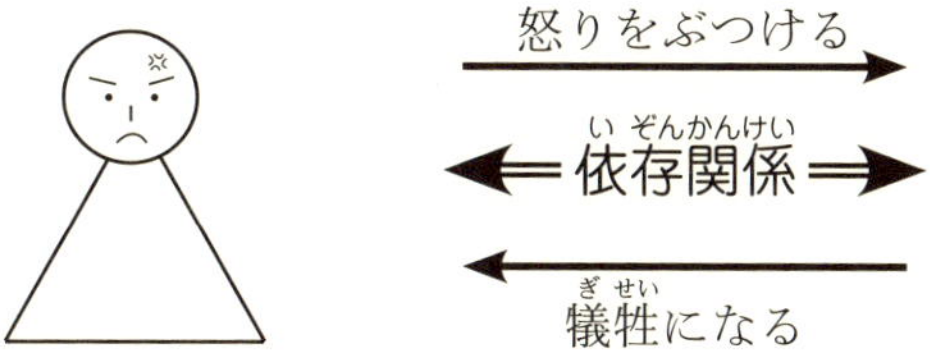

暴力などで思いどおりにする	言いなりになって、従うしかない…
ちゃんとできないお前が悪い！	ちゃんとできないわたしが悪い……
自分の感情をコントロールできない	振り回され、こころとからだがボロボロに
お前なんかどこかへいっちまえ	それでは生活できないし、わたしがいなくちゃこの人は生きていけない……

DV の相談先

- 福祉事務所《ふくし》
- 配偶《はいぐう》者暴力相談センター
- 裁判所
- 児童相談所
- 警察署
- 女性センター

といった不幸な結果しかそこからは生まれません。

デートDVも、そういった意味では同じことなのです。自分の欲望を実現するために、暴力をふるったり、相手の生活を自分の思いのままにすることは、愛ではありません。自分の性欲を満たすために相手を傷つける、「相手を支配したい」との思いを満たすために相手をおどす――それは自分のいのちも恋人のいのちも大切にできず、ひとりだちできない人が、恋人につらい思いをさせ、相手を犠牲《ぎせい》にして自分の欲望や不安を解消しようとしているにすぎません。だからDV被害を受けている人は、愛に包まれた幸せな気持ちではなく、恐怖や不安を感じるのです。

DVから身を守る

パートナーのDVから逃げ、その人から離れ、追いすがってくる加害者と関係を断って自分の新しい生活をつくり、傷ついたこころとからだを回復して安心した日常生活を送れるようになるまでには、大変なエネルギーが必要です。被害者ひとりの力では、どうにもならないことが多いのです。

でもあきらめてはダメです。DV防止法に基づき、「配偶者《はいぐうしゃ》暴力相談センター」「警察署」「裁判所」「福祉事務所」、弁護士も助けてくれます（くわしくは56〜57ページをみてください）。

大変ですし時間もかかりますが、そうした支援を受けるなかで、DV被害者が少しずつ健やかな人生を取り戻しています。

デートDVは、同居中のカップルの場合を除き、DV防止法の対象にはなりません。ですが、自分のいのちの健やかさを取り戻す過程は、同じだと思ってください。自分が望まないセックスには「嫌《いや》だ、やめて！」と言えなければならないし、「毎日連絡《れんらく》しろ」といった相手からの命令には「NO！」と言わなければなりません。それを自分で伝えることができて、相手も理解してくれる人であるのなら、交際を続けていく希望はあります。でも、それができないような関係であれば、DVが深刻になっていく危険があります。早めにお別れすることをおすすめします。

また、ひとりでは恋人に立ち向かえないからといって、あきらめないでください。勇気を出して、家族や信頼できるおとなに相談してください。相手からストーカーや仕返しを受けるかもしれないようなときには、警察や弁護士に相談してください。

他人の暴力やおどしのために、自分の人生をだいなしにしてはならないのです。そして同じような苦しみに巻き込まれないため、「NO」が言えるように自分を鍛《きた》えましょう。そして、次の新しい恋人ができたら、その人は自分も他人も大切にできる人かどうか、自分の感情のコントロールのできる人なのかを、慎重《しんちょう》に確かめてくださいね。

2、例えば、児童相談所に相談したら、こうしてもらえるよ！

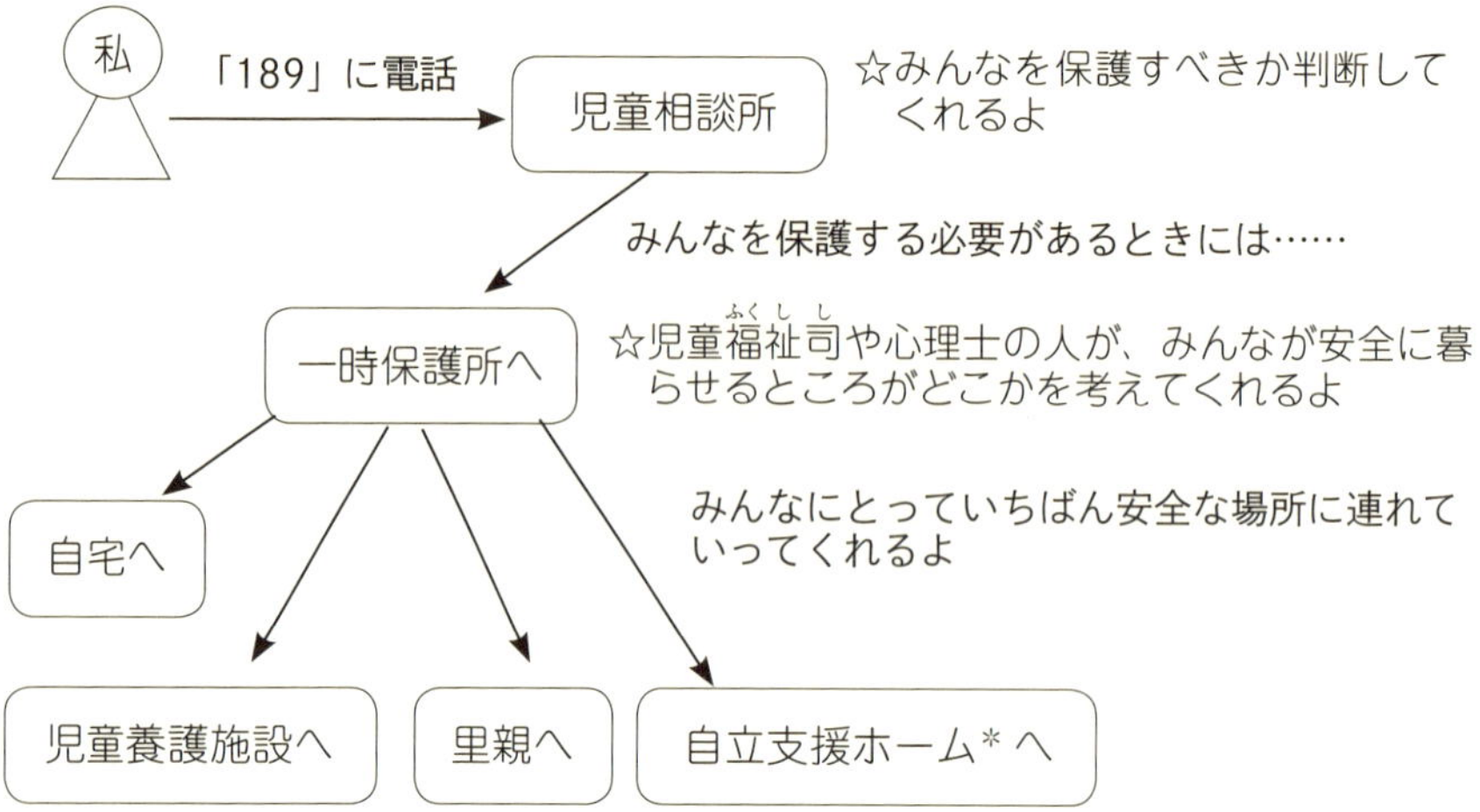

＊おとなのスタッフと一緒に生活をしながら、
仕事をして貯金をし、独り立ちをめざすところ

3、「シェルター」について

虐待をうけている14、15歳〜19歳のこどもたちのために、弁護士や市民の協力によって運営されているところです。全国にあります。児童相談所に相談をすることができなかったり、一時保護所に入るのが嫌《いや》な場合、18歳であるため児童相談所が一時保護できない場合などに、避難場所を提供しています。

一緒に暮らすスタッフ、担当弁護士たちがこどもの支援者となり、こどもの希望を聞きながら、児童相談所や福祉事務所などとも協力して、親と話し合って、みんなが安心して生きていくことができるように環境を整えるための活動です。

●●●●●●●●● 例えばこんなシェルターがあるよ！●●●●●●●●●

東京には「社会福祉法人カリヨン子どもセンター」が運営する「子どもシェルター」（03−5981−5581）があります。

もし〈虐待《ぎゃくたい》〉や〈DV〉をされたら……

1、相談しよう！

以下の場所に電話をしてみよう。自分で電話できないときには、信頼できる先生（学校の担任や養護の先生）、あるいは心配してくれるお友だちやお友だちのご両親などに相談し、電話してもらってね。

・児童相談所（電話で「１８９《いちはやく》」をダイヤルするとつながります）
　＊日本であれば、24時間どこからでも連絡できます。
　＊名前を言わなくても大丈夫。相談した内容に関する秘密は守られます。

・DV相談ナビ（０５７０−０−５５２１０）

・子どもの人権110番　（全国共通　０１２０−００７−１１０）
　＊通話料はかかりません。
　＊法務省の機関です。

・内閣府男女共同参画局《きょうどうさんかくきょく》HP（http://www.gender.go.jp/policy/no_violence/e-vaw/soudankikan/index.html）
　＊全国の「配偶者《はいぐうしゃ》暴力相談支援《しえん》センター」「福祉《ふくし》事務所」「女性センター」の電話番号などがのっています。

・市区町村の子ども虐待相談窓口
・最寄りの警察署
・各地の弁護士会（東京だと「東京弁護士会の子どもの人権救済センター」０３−３５０３−０１１０〔平日13時半〜16時半、17時〜20時／土曜13時〜16時〕

妊娠をしてしまったかもしれないと悩んでいるあなたへ

産むかどうか、決めるのはあなた

彼とのセックスの結果、予期せぬ妊娠《にんしん》をしてしまったかもしれないときは、どうしたらいいのかわからずパニックになることでしょう。でも、ひとつひとつなすべきことをして難しい状況を切りぬけていかなければなりません。

これは妊娠した本人だけの問題ではなく、パートナーも一緒に考えるべきことです。避妊《ひにん》に協力をせず、妊娠がわかると逃げ出す男性が多いのですが、そのようなことを許してはダメです。まずはその不安を彼に話して、一緒に考えてもらいたいとお願いしてください。相談できる親や友だちがいるのであれば、そういった人たちに相談をしてください。彼が無責任に逃げ出そうとしていたら、彼の親や家族とも相談をしなければなりません。

病院で検査した結果妊娠していることがわかり、「産むか産まないか」といった話をするときには、おなかの中に宿った新しいいのちのことを思いながら、次のようなことを考えましょう。「自分はどのような人生を歩もうとしていたのか」「その人生を中断して赤ちゃんを育てられるのか」「彼と一緒に家庭をつくっていけるのか」「赤ちゃんを育てていくことを助けてくれる人がいるのか」「経済的にやっていけるのか」などなど。

そのいのちとどう向き合うか。それはあなたが決めなければならないことです。しかし、そうしたことを冷静に判断するのはなかなか難しいです。しかし周りの人とも相談をしながら、自分がどうすることが今いちばんよいのかを、一生懸命考えてください。正解などだれにもわかりません。もしあなたが神さまに祈ることを知っているなら、「どうしたらいいのか教えてください」と祈りつつ、考えてください。

これまでの人生設計を中断し、彼と家庭をもって、周りの助けを受けながら、赤ちゃんを育てていくという決断もひとつ。彼と別れてシングルマザーとなり、家族や福祉の支援を受けて赤ちゃんを育てていくという人生を選択《せんたく》することもひとつ。今はまだ赤ちゃんを迎《むか》える準備ができていないと判断し、今回は新たないのちに謝りながら、出産をあきらめるという決断もひとつ。どれも厳しい選択です。でも選ばなければなりません。

妊娠中絶を選択したら――同じ悲しみを味わうことがないようにするために

もし、妊娠中絶（人工中絶）をするというつらい決断をしたら、まず産婦人科に行きます。病院で手術を受けたら、無理せず、こころとからだを十分にいたわってください（中絶については、144ページ以下もみてください）。

そして、失われたいのちのことを思いながら、祈ってください。彼にも一緒に祈ってもらいたいです。「神さま、おゆるしください。みもとで守っていてください」。そんなふうに祈れたら、あなたの悲しい気持ちを、きっと神さまは慰《なぐさ》めてくださいます。

同じような悲しみを味わうことがないよう、これからの異性とのセックスや避妊について、真剣《しんけん》に学び、考えていきましょう。

まとめ

神さまが造り、授けてくださったひとりひとりのいのち。そのいのちが傷つき、破れ、見捨てられ、いのちをもちこたえる気力も失われていくような時、イエス・キリストの十字《じゅうじ》架《か》を思い出してください。私たちの苦しみ、悲しみを背負って、ご自分のいのちを投げ出してまで、私たち人間を生かそうとなさっている主がおられることを。

そうまでしてイエス・キリストが守ってくださるほど、いのちは尊く、すばらしいのです。だからみなさんのいのちを、どうか大切に守ってください。そして人のいのちも傷つけないでください。そしてもし、傷ついている人がいたら、自分に何もできなくても祈ってあげてください。

「神さま、どうかあの人のそばにいてあげてください。そして私に何かできることがあったら、お示しください」と。

私も、この手紙を読んでくれたみなさんひとりひとりのいのちが守られていくことを、心から祈っています。

（つぼい・せつこ）

〈コラム〉

ステキな恋愛をするために、知っておいてほしいデートDVのこと

みなさんはだれかとおつきあいしているでしょうか? お互《たが》い好きになって付き合うようになったら、対等で平等な関係が理想ですね。

付き合っているふたりがシーソーに乗っていると想像してみてください。時にはケンカをするかもしれないし、意見がぶつかり合うこともあるかもしれません。そんな時、シーソーは上になったり下になったりします。でも、お付き合いするなかでお互いが相手のことを思いやったり(尊重)、相手の立場に立って考えたり(共感)することができていると、シーソーはいつの間にかまた同じ高さに戻《もど》ります。相手に対して尊重や共感の気持ちがないと、シーソーはいつまでも平らにならずに、どちらかが上でどちらかが下の状態が続きます。そんなふたりのかかわりを、〝デートDV〟の関係といいます。

デートDVをしてしまう人は、相手を思いどおりにしたいとか、相手を自分の言うとおりにさせるために、あらゆる暴力を使います。暴力と聞くと、叩《たた》くとか、足でけるといった身体への暴力を想像する人が多いのではないかと思いますが、暴力には大きく分けて四つの種類があります(62ページの表をみてください)。

①身体的暴力	殴《なぐ》る、ける、叩《たた》く、髪を引っ張る、つかんでゆする、首を絞《し》める
②精神的暴力（モラハラ）	怒鳴る、暴言、見下す、強い束縛、精神的に追い詰める、無視する、電話やメールなどにすぐに反応しないと怒る、ヤキモチを理由に異性や友人との連絡を制限する、つきまとう、ストーカー行為をする、ヤキモチを理由に服装や髪形を変えさせる、命令する、ダメ出しばかりする
③性的暴力	イヤがるのに身体に触れる、キスや性行為を無理強いする、避妊に協力しない、裸の写真を撮る・送れと命令する・ばらまくと脅《おど》す（リベンジポルノ）
④経済的暴力	お金を払わせる、借りたお金を返さない、バイトをさせる・やめさせる

この世の中には、暴力をふるわれていい人なんてひとりもいないのです。「何かの理由があれば暴力をふるってもいい」とか、「相手が怒《おこ》らせたから仕方なく暴力をふるった」というのはただの言い訳でしかありません。

また、デートDVの原因は〝「カレシ・カノジョ」の役割へのこだわり〟も深く関係しています。「理想のカレシ・カノジョってどんな人ですか？」と、中学生や高校生のみなさんにたずねてみると、いろいろな意見がたくさん出てきます。

たとえば、理想のカレシは〝男らしい人〟〝強い人〟〝たくましい人〟〝いつもリードしてくれる人〟、理想のカノジョは〝女らしい人〟〝かわいい人〟〝優しい人〟〝控《ひか》えめでおとなしい人〟〝お料理が得意な人〟などという意見が多いです。

カレシのイメージは強さを表すものが多く、カノジョのイメージからは受け身でか弱い印象を受けるのではないでしょうか？　こうした理想のカレシとカノジョが付き合うようになると、ふたりのシーソーは、どちらかに片寄ってしまう可能性が高まります。強くてたくましくていつもリードする人がいつも優先されて、優しく控えめな人はいつも相手を優先するという関係になりがちです。

相手と違《ちが》う意見を言ったら「きらわれてしまうかもしれない」とか「相手が怒り出すかもしれない」と、言いたいことがどんどん言えなくなってしまうようになったら要注意です。


付き合っているふたりは、仲がよい時ばかりではないかもしれません。もしふたりの考えが違っても、相手のことを大切に思っていれば、相手を尊重して「相手はそう思っているんだな」と受け入れたり、「自分と相手は違う考えなんだな」と受け止めることができます。そして、相手に共感する気持ちがあると「相手はこう思っているんだな」と考えることができます。

でも、デートDVの関係にあるふたりは、力のある側、立場の強い側に相手に対する尊重と共感の気持ちがない

デートDVチェックリスト

□「きたない」「バカ」など、おとしめるいやな言い方で呼ばれる
□「だれと何をするか」などを知りたがって聞いてきたり、だれと連絡をとっているかしつこく聞いてきたり、携帯《けいたい》をチェックされる
□すごくやさしい（「俺（私）には君（あなた）しかいない」などと言う）ときと、すごくいじわるでいやな態度（「お前は本当にバカだ！」などと言う）のときの差が極端
□怒ると物にあたったり、怖いと感じる態度・行動をとるが、すぐ謝る
□けんかすると「怒らせるようなことを言ってしまった」と自分を責める

ので、無理やり自分の意見を押し通そうとして、大きな声を出したり、暴力をふるったりします。暴力をふるえば、自分の意見を通すのが簡単にできることを知っているからです。

また〝束縛《そくばく》〟の強さは愛情の強さと同じではありません。交際を始めてから、「どこでだれと何をしているのか、いちいち報告するように！」とか「異性のアドレスは携帯《けいたい》電話からすべて消すように！」と言われたことがある人は多いです。「愛されているから束縛されるんだなと感じる」という意見が若い人には多いですが、強い束縛によって毎日の生活を楽しく送ることができなくなっては困りますね。お互いを信頼していれば、過度に束縛する必要はありません。

もし好きな相手を信頼できずにつらいと感じて、束縛したくなってしまった時には、力ずくで束縛するのではなく、その不安な気持ちを率直に相手に伝えましょう。また、束縛されてつらい時にも、「そんなことをされるといやだよ。もっと信頼して」と伝えることも大切ですね。

（よしざき・まさお）

デート DV の相談先

デート DV のことで困ったときは、すぐに相談しましょう。周囲のおとなに言えなければ相談窓口に相談を。ガマンは禁物です！！！

☆ DV 相談ナビ（内閣府） 0570−0−55210（全国共通）

☆警察相談専用電話（警察庁） ＃9110（全国共通）

☆アウェア（民間団体）＝デート DV 被害・加害の相談

E メール ✉ info@aware.cn

☆デート DV 110 番（NPO エンパワメントかながわ）

0120−51−4477（全国共通）

第二の手紙

愛のこと
恋愛のこと

「ご大切」の旅路にあって――だれかを愛するということ　宮本久雄

どうしてだれかを好きになるんだろう……
　　人を好きになるってどういうことなんだろう……　土肥研一

「あなたは一人ではない」――ゲイであり牧師である僕からキミに伝えたいこと
平良愛香

〈コラム〉自分を変だと思っている、10代のあなたへ。　後藤香織

〈コラム〉10代のあなたへ　臼井一美

〈コラム〉性的マイノリティの僕から、あなたに伝えたいこと　haru

「ご大切」の旅路にあって
——だれかを愛するということ

わたしが大学生だったときのことです。梅林の花が開くころ「白い梅の花のような貴女へ」という愛の手紙を彼女に送りました。それから若き日の恋の出来事が、押し寄せる大きな波のようにわたしの身にふりかかってきたのです。胸がときめき時にはしめつけられるような思い、甘くうれしいことだけではなく、心の行きちがいによる苦しみや無気力さ、結婚への夢とためらいなど、「青い春」と書く、わたしの未熟な青春はゆれにゆれました。特に彼女には両親がなく、父への愛にあこがれていると同時に、男性への不信感もあったようで、人生経験のない若いわたしにとって、彼女の心の動きは繊細《せんさい》で複雑《ふくざつ》でした。みなさんもきっとそういう経験をするでしょう。そして彼（彼女）への愛の道がふさがれてしまったと思った時、何か暗闇《くらやみ》をてらす光に似た希望を求めるでしょう。

そんな悩《なや》みの時、ある神父が何げなく「白い鹿《しか》」の伝説を話してくれたのでした。

インドの深い森に、気高く真白な大きな鹿が住んでいました。その神秘的な白い毛皮を王様に献上《けんじょう》しようと狩人《かりうど》たちは競いました。ある時、貧しい狩人が、泉で水を飲む白い鹿を見つけ、小踊《こおど》りしてほうと矢を射たのです。矢によって深く傷ついたようでしたが、鹿は森の奥《おく》へ逃げ去りました。その森には、一人の隠者《いんじゃ》（人里から離《はな》れて生活を営む人）が真理《まこと》を求め、修行をしていました。その隠者がいつからか鹿の傷の手当てをしているといううわさを聞いた白い鹿を射た狩人は、いても立ってもいられなくなり、森の奥へ奥へと白い鹿を捜《さが》しに出かけました。そうするとある日、二匹《ひき》の白い鹿が一匹であるかのように、また二匹となって喜ばしくいきいきと駆《か》けてゆく光景に出会いました――

この物語を話してくれた神父は「ほんとうにこころをこめて、自分とは異なるひとたちの痛み苦しみのお手当てをすれば、二体のままで一体となってしまうんだよ」と言いました。わたしは小さいころに父親にすてられた彼女の心の傷に気づかずにいた自分の未熟を心から自覚しました。その時から、愛するって、お互《たが》いがお互いのままで一つになってゆくことかなあと、何かに照らされたような思いをもちましたが、とても愛に未熟だったのです。そんなとき「愛そのもの」に、愛をさずけてください、という祈《いの》りが生まれました。

「愛」に祈りながら、そこからエネルギーをさずけられ、相手のことを思い、相手が生きる場にともに立って生きたひと・スペインの隠者のことを思い出します。

わたしが隠《かく》れキリシタンを探しつつ長崎の五島《ごとう》の小さな島々を旅していたとき、その彼にわたしは出会いました（隠れキリシタンという人々は、17世紀から19世紀末まで江戸幕府による残《ざん》酷《こく》な迫害《はくがい》から逃《のが》れるため、神父などの指導者がいないまま、孤島《ことう》や地の果てで信仰を守って生きていた、カトリックのキリスト教徒のことをいいます）。

この隠者はスペインのモンセラート修道院というところで祈りを中心とした厳しい修行をした後、イスラエルの荒野《こうや》で隠遁《いんとん》し（人里から離れて生活し、世の雑音をさけて純粋に世界の人々の幸いを祈る、愛の生き方をし）、だれかが食べ物をもってきてくれなければ飢え死にするという覚悟で世界のための「祈り」に生きたのだそうです。それは隠れた仕方で愛に仕える道でした。後にキリシタンの故郷五島で祈りの生活を始めたこの隠者に会ったとき、祈りやキリシタンの住んだ土地に来た理由などについてわたしは尋ねました。

御老人の隠者は、次のように言いました。

祈りは、自分の心の奥深くで、いのちそのものである主「愛そのもの」であるイエスの名を呼びながら、宇宙すべてを愛するキリストの心に向かっていき、そこから一人ひとりの人や、生きとし生けるものを慈《いつく》しんでたいせつにし、彼らと一つになって平和を願うこ

とじゃ。
わしがキリシタンがすんでいたところで隠遁しているのは、ただ世間がいやだからでなく、迫害され貧しいキリシタンと心を一つにし、その子孫の幸福を祈るためなのだよ。それは、キリシタンのように、いまも迫害されて苦しんでいるひとたちを大切に想い、目に見えないきずなで結ばれるきっかけになる――

わたしは、人々が苦しんだり何かを願う場においてその人々とともに祈る心を、この隠者から具体的に学んだ気がします。そして、こうして隠れた仕方で人々とともに祈り、生きるところに人間の〝愛の絆《きずな》〟の原点があるのだと思います。その絆の原点は、さらに多くの人々や、人間をこえたものとの円《まど》い、つまり共に生きることとなっていくことでしょう。
キリシタンは、「愛」という言葉のかわりにこの絆を「ご大切」と呼びました。16世紀ごろの日本の仏教では、愛は「愛欲《あいよく》」「愛執《あいしゅう》」など、自分のことだけを考える心を意味し、あまりよい感じを与えていなかったからです。

この隠者のいう「祈り」や「ご大切」の現実に出会ったのは、キリシタン地方とは遠く離れた、アメリカのニューヨークにおいてでした。
わたしは、カナダで勉強していた時に「小さき兄弟会」というカトリックの修道会に属している、イタリア人のジョルジオと仲よくなりました。ジョルジオは、イタリアの教育大臣の息子でしたが、貧しい人々と生きようというおもいに動かされ、労働者として生きていたのです。彼や彼と兄弟のように生きるひとたちが住んでいた所は、麻薬依存《いぞん》、アルコール依存症になった黒人や移民が道に倒れているようなところでした。火災保険金目当の家主が、時々放火したりもしました。

わたしが頭でっかちになるのを憐《あわ》れんでくれたからかもしれません、あるとき彼がニューヨークにある自分のコミュニティーが住むアパートにさそってくれました。ある夕方、ジョルジオたちと招かれた人々（いずれも貧しく疲れた老若男女）と一緒に、聖書を読む会に出ました。みんなで輪になって聖書がえがくイエスの受難（十字架と死）、復活などの箇所を読んで、一人ひとり感動したこと、ぴんとこなかったことなどを話すのです。

英語もよく聞きとれず、わたしはぼーっとしていましたが、招かれた人々に共通する反応に気づいたのです。それは、イエスが十字架上で頭から血を流し、通りかかった人々に「救い主よ、十字架からおりて自分を救え」とあざ笑われ、同じように偉《えら》い祭司たちから「あいつは人を救ったが自分を救えない」とののしられ、何もできずに無力である場面が、彼らの心をうっているということでした。特に「わが神、わが神、どうしてわたしをお見捨てになったのか」という断末魔《だんまつま》の叫《さけ》びに、みな身をのりだしていました。世間からも見放され、芸術家への夢や幸福な家庭人への希望をうち砕《くだ》かれたこの人々こそが「神から棄《す》てられ、無力

で絶望している男」と一つになることができ、彼らは世界中で最も身近な人物を見出しえたのですから。

　この出来事はわたしにとってもショックでした。わたしは若いころから禅やヨーガといった宗教的な修行に興味をもち、多少なりと実践していました。つまり、厳しい宗教的な修行こそ、愛を実践する道のように考えていたのです。しかし、こうした麻薬依存の人々、さらに認知症や障がいがあるひとはそういった修行ができません。わたしは、彼らこそ無力な十字架のイエスに、共鳴し共感し、その心と自分の心を一つにして寄りそっていて、そうしたことこそが愛の心だと悟《さと》ったのです。それが「ご大切」のほんとうの姿だと思えたのです。

　また、わたしはどちらかというと、実際に足を使って旅をして、自分の五体を運ぶことで、いろいろな国で、名の知れないさまざまな方と出会ってきました。お母さんのお腹《なか》にいる時に父を日本軍に殺されたシンガポールの陳《タン》さん、ソウルの西江《ソガン》大学教会で「日本軍の挺身《ていしん》隊員」だったと名のりをあげたおばあさん、自分のねむる時間をけずって心の病んだ人々と対話をしていた、カナダのアルノ神父……、そうしたお一人びとりとの出会いからも「ご大切」の姿を学んだと思っています。

　あなたが一人のひとと出会い、愛し合い、やがて生涯《しょうがい》をともに生きるとき、どんなにか苦しみや忍耐、喜びと希望を経験することでしょうか。そのようなとき、その経験ひとつひとつが、そしてさきほどのジョルジオのコミュニティーのようなものがたりが、あなたの愛の道行きの光となることでしょう。

こうした「ご大切」という視点から現代社会をみてみると、経済や物質に染まった現代文明、あふれすぎる情報は、人間の絆の深い結び合いをさまたげているように思えてなりません。この文明は、人間のエゴ、自己中心的な利益によって自然（資源）をうばい、産業による廃棄物《はいき》の山で汚染します。自然に対して「ご大切」の心をもたない文明です。また先進国は、インド、アフリカ、中国などを植民地として搾取《さくしゅ》を重ねてきました。それにもあきたらずに、先進国は互いに世界大戦をひき起こし、世界を支配しようとしました。しかも今は多くの国が核爆弾《かくばくだん》をもって、地球を破滅《はめつ》する危機を招いているのです。

わたしたちは、自然もふくめ、互いを「ご大切」にしようとするなら、現代文明がもつ悪い構造をもういちど見つめて、どのようにすればよいか考え、よいほうに変えていかなければならないでしょう。そこでわたしは、ある人物の文明批判を紹介しようと思います。というのも、『パパラギ』という小さな本に出会い、現代文明への洞察《どうさつ》の鋭い言葉に驚いたからです。そこでは、西欧《せいおう》諸国を旅したサモア諸島の酋長ツイアビが、「パパラギ」つまり西欧人の生き方を批判する、ということが描《えが》かれます。ツイアビは背が二メートルもある大男ですが、おだやかで深い眼差しをもった人物です。今は彼の、特に「所有」に関する言葉に耳を傾《かたむ》けてみましょう。

パパラギはこう言う。「このヤシはおれのものだ」なぜかというと、ヤシがそのパパラギの小屋の前に生《は》えているから。まるでヤシの木を、自分で生やしでもしたかのように。ヤシは、決してだれのものでもない。決してそうではない。ヤシは、大地から私たちに向かって差し伸べたもうた神の手だ。神はたくさんの手をもっておられる。どの木も、どの花も、どの草も、海も空も、空の雲も、すべてこれらは神の手である。

私たちにはその手を握って喜ぶことは許される。だがしかし、こう言ってはならない。「神の手はおれの手だ」しかしパパラギはそう言うのだ。

私たちの言葉に「ラウ」というのがある。「私の」という意味であり、同様に「おまえの」という意味でもある。ふたつはほとんどひとつであり、同じ意味である。だがパパラギの言葉には、この「私の」と「おまえの」以上に違《ちが》いの大きな言葉はほとんどない。「私の」とは、ただ私ひとり、私だけのものである。「おまえの」とは、ただおまえひとり、おまえだけのものである。それゆえパパラギは、自分の小屋の範囲《はんい》にあるものを、すべておれのものだと言う。だれもそれには権利がない。彼のほか、だれも。

しかし、パパラギにはわかっていない。神が私たちに、ヤシや、バナナや、おいしいタロ芋《いも》、森のすべての鳥、そして海のすべての魚を与えたもうたことが。そして私たちみんながそれを喜び、幸せにならねばならないことが。それは、決して私たちの中のわずかな

郵 便 は が き

料金受取人払郵便

新宿北局承認

7174

差出有効期間
2017年6月30日まで
（切手不要）

169-8790

162

東京都新宿区西早稲田２丁目
３の１８の４１

日本キリスト教団出版局
愛読者係行

ご購読ありがとうございました。今後ますますご要望にお答えする書籍を出版したいと存じますので、アンケートにご協力くださいますようお願いいたします。抽選により、クリスマスに本のプレゼントをいたします。

ご購入の本の題名

ご購入の動機　1 書店で見て　2 人にすすめられて　3 図書目録を見て　4 書評（　　　　）を見て　5 広告（　　　　）を見て

本書についてのご意見、ご感想、その他をお聞かせください。

（定価）高い　普通　安い
（装丁）良い　普通　悪い
（内容）良い　普通　悪い

ご住所　〒

お電話　（　　）

お名前

（性別）

（年齢）

（ご職業、所属団体、学校、教会など）

図書目録のご希望	定期刊行物の見本ご希望
有・無	信徒の友・こころの友・他（　　）

このカードの情報は当社およびＮＣＣ加盟プロテスタント系出版社のご案内以外には使用いたしません。なお、ご案内がご不要のお客様は下記に○印をお願いいたします。

・日本キリスト教団出版局からの案内不要
・他のプロテスタント系出版社の案内不要

ご購読新聞・雑誌名　朝日　毎日　読売　日経　キリスト新聞　クリスチャン新聞　週刊朝日　図書　信徒の友　季刊教師の友　説教黙想アレテイア　礼拝と音楽　教団新報　本のひろば　福音と世界　百万人の福音　あけぼの　婦人之友　明日の友

ご購入年月日　年　月　日

今回書籍のお買い上げ書店名

市・区・町　書店

ご注文の書籍がありましたら下記にご記入ください。
お近くのキリスト教専門書店からお送りいたします。
なおご注文の際には電話番号をご明記ください。

ご注文の書名	冊数
	冊
	冊
	冊

人間だけを幸せにして、他の人びとを貧しさに悩ませ、乏《とぼ》しさに苦しめるためのものではない。

神からたくさんの物をもらえば、兄弟にも分けてやらねばならない。そうでないと、物は手の中で腐《くさ》ってしまう。なぜなら神のたくさんの手は、すべての人間に向かって伸びており、だれかひとりが他のものとは不釣《つ》り合いにたくさんの物を持つのは、決して神の心ではない。さらに、だれかひとりがこう言うのも神の心ではない。「おれは日なたにいる。おまえは日陰《ひかげ》に行け」私たちみんなが、日なたに行くべきである。

(『パパラギ――はじめて文明を見た南海の酋長ツイアビの演説集』より)

ツイアビは「おれのもの」に基づく生活や文明のかわりに「ラウ・みんなのもの」の生き方をすすめています。というのも、この世界のすべてのものは、神(おそらく、いのちを与え育む、おおきないのちのような方)のあたたかく育む手だから、というのでしょう。その手は、みんなで握り合い、ともに祝うための手なのです。わたしはツイアビのこのような心と言葉に大変共鳴し、みなさんの一人でも多くに伝えたいと思いました。このツイアビの心こそ「ご大切」「愛」であり、彼の言葉こそ「愛語《あいご》」、すなわち他のひとを思いやることばだからです。

わたしがツイアビに共鳴したのは、多分「自然」について一つの体験をしたからかもしれ

ません。それを紹介してわたしの手紙の幕を閉じましょう。

あるときわたしは、アラビアのアカバ湾に通ずるワジ・ラムという荒野を歩いていました。歩いても歩いても広がる石ころ砂だらけの荒野の道行きは、気がぼーっとなるような体験でした。そんな時です。日本的なやさしくうるおう空と比べて、まったく雲一つなく、まるで白金のような焼きつく天空が、大きなひとみのようにわたしの生命をみていたのです。わたしという存在すべてをつらぬく、ひとみの光。「ご大切に」というひとみ。自分中心の思いをうばい、ごまかしによって生きてきたそのごまかしをわたしから奪う、ひとみ――。

この文章は、わたしの愛のものがたりから始まり、かなり広く深く愛の世界を語ったように思います。それは、一人のひとを思い、愛することの背景には、このような多彩な出会いと祈り、愛の世界が広がっていることを示したかったからです。

わたしは「いま」も歩き続けています。「ご大切」に生かされる果てしない旅を。いろいろなひとと出会う旅路を。

その旅路にあって、いつかみなさんに出会える日を心待ちにしています。

雪中に赤き花咲く

（みやもと・ひさお）

どうしてだれかを好きになるんだろう……人を好きになるってどういうことなんだろう……

あなたが16歳になったと考えると、ただただ驚《おどろ》きです。ついこの前、生まれたばかりの気がします。

先日は夜道で、久しぶりに二人でいろいろと話せて楽しかった。「どうしてだれかを好きになるんだろう……。人を好きになるってどういうことなんだろう……」。そんなあなたのつぶやきに、はっとしました。あなたの成長を実感しました。

だれかを好きになると、その人の命が輝《かがや》きを増すよね。苦しくなるときもあるけど、でもやっぱり、生きるのがどうしようもなく楽しくなる。これからあなたが経験する恋愛が、もっともっとあなたを輝かせるでしょうね。うらやましいなあ。

あの夜、言い足りなかったことがいろいろあるな、って後から思いました。だからこの機会に改めて、手紙を書こうと思います。もし近く、僕《ぼく》が不慮《ふりょ》の事故で死ぬようなことがあれば、これが父である僕から、娘であるあなたへの遺書になるかな。

爆発しそうな仲間

「どうしてだれかを好きになるんだろう……」。そう考えるとき、僕の中から音楽が聞こえてきます。そしていくつかの映画を思い出します。

まずは音楽のこと。僕が16歳だったのはもう四半世紀前。音楽を聴《き》いてばかりいました。とくに日本語のロックが好きだった。ロックから、神さまのこと、自由のこと、正義のこと、孤独《こどく》のこと、そして愛のこと、つまり僕が今生きるのに必要なほとんどのことを教えてもらいました。

愛を思うと、何と言っても思い出すのは、ザ・ブルーハーツの「街」という曲です。彼らのファーストアルバム「THE BLUE HEARTS」(1987年)に入っています。このアルバムを初めて聴いたのは、中学2年生のとき。このブルーハーツの音楽を聴く前と後では、自分の人生がはっきりと変わりました。それまで両親の守りのもとにいることに何の疑問ももっていなかったけど、そこから出て行くべきことを教えられました。

このアルバムに入っている12曲すべてが僕にとっては、かけがえのない宝物です。何百回、何千回聴いただろう。その内のひとつである、この「街」という歌も本当に好き。

この歌が歌うのは、孤独です。自分がだれにも、理解してもらえないというさびしさ。そういう孤独の中で、「いつか」を望み見ています。同じ涙《なみだ》をこらえきれず、同じ気持ちであることを知ってその喜びで爆発しそうになる、そんな仲間と、いつの日かきっと会える。そう歌います。この歌を繰り返し口ずさみ、街をふらふらと歩いていた日々を思い出します。

愛を教えられた歌はほかにも何曲もあるけど、あとひとつだけ挙げるなら、日本の誇るロックスター、忌野清志郎《いまわのきよしろう》率いるRCサクセションの「君が僕を知ってる」だな。彼らの代表曲「雨あがりの夜空に」のシングル（1980年）のB面に入っていた歌です。

自分のことを理解する人がだれもいなくても、君だけは僕のことをすべて知っていてくれる。そう歌います。この歌も僕の奥《おく》深くに入ってきて、僕を今日まで支えてくれました。

「さびしさ」という同伴者

こうして書いてみて、改めて気づかされるのは、人がだれかをどうしようもなく求める、だれかを好きになってしまう、その背景に「さびしさ」があるんじゃないか、ということです。

自分をわかってくれる人はだれもいない。ブルーハーツやRCサクセションを聴きまくっていた10代のころ、「こういう苦しさっておとなになると和らぐんだろう」と期待していたけど、全然そうではないんだよね。40歳を過ぎてみて、人は一生このさびしさを抱えていくんだな、と身に染みて知らされています。

伏見憲明《ふしみのりあき》さんという方が、10代の読者に向けて書いた『さびしさの授業』（理論社、2004年）という本があります。僕が、この本を読んだのは30代になってからだけど、でも感動しました。僕たちが、「人生の同伴者」とも言うべき自らのさびしさと、いかに付き合っていくか、伏見さん自身の経験や、ほかの人の人生、小説、映画などを紹介しつつ、ていねいに解きほぐしてくれます。

あなたもこの本を読んでくれたらうれしいけど、まずは、伏見さんが記すエピソードのひとつを、ここに紹介しますね。

金満里《きむまんり》さんは1953年、朝鮮古典芸能の天才と呼ばれたお母さんのもとに大阪で生まれました。跡を継ぐことを期待されながら、3歳のとき「ポリオ」というウィルス感染症を発症します。後遺《こうい》症によって両手両足の自由を奪われました。以来激痛を伴う注射治療を繰り返し、小学校に入学する年齢になると施設で生活することになります。将来への希望をもてず、自死の誘惑《ゆうわく》も頭をよぎる中で育った金さんに、しかし、青年期の大きな出会いが用意されていました。

「障害者が障害者であって何が悪い！」と「障害」をもつ自分自身を肯定する人々が、目の前に現れたのです。金さんはこの仲間と出会い、つながることによって、「自分は自分であってよい」との思いをやっと獲得しました。そして「障害者」を不要な存在、あってはならない存在とする日本社会に対していかに立ち向かうか、その道の模索《もさく》が始まりました。現在彼女は、「身体障害者」当事者のパフォーマンス集団「劇団態変《たいへん》」を主宰《しゅさい》しています。
人は、ひとりではさびしいし無力です。しかし「あなたは、『あなた』のままですばらしい。あなたが『あなた』でいてくれることがうれしい」と言ってくれるだれかと出会い、つながれるなら、僕たちは、大きな力を得ます。清志郎が歌った、「君が僕を知ってる」という、何にも代えがたい希望。その「君」と出会い、つながれたら勇気百倍です。自分の前に立ちはだかる、この大きな社会にも、人生の不条理にも立ち向かっていけます。金さんの人生に、僕はそのことを教えられます。

この本のあとがきに、伏見さんがこう書いています。「みんな他人には理解しえない孤独を生きています。だからこそ、切実に誰かを求めずにはいられない。そんな気持ちが少しわかるだけで、ぼくらはもっと他人にやさしくなれるし、互いを大切にしようと思えるようになります。そう、ぼくらは自分のさびしさを手放さずに、大事なものとして抱えていこうではないですか。それこそが、誰かとつながらずにはいられない思いを、導くものなのだから」。

すばらしいなあ。僕たちが抱えるさびしさが、だれかを求める切実さへとつながっていく。そしてだれもがこのさびしさを抱えている。だから人は出会い、惹《ひ》かれ合う。これは人間存在の美しく、深い真実なのだと思います。

「一体」へのあこがれ

そして僕が理解するかぎり、聖書もまた、このさびしさを見つめています。聖書の最初に置かれた『創世記《そうせいき》』の冒頭、1章から2章に、神さまがいかに世界を創造したかが記されています。現代に生きる僕たちは、この箇所を、聖書を生んだ人々の世界観と人間観を表現した「物語」として読むとき、ここに込められた豊かなメッセージを受け取ることができると思います。

今、僕たちにとって、とくに興味深いのは、2章18節です。「主なる神は言われた。『人が独りでいるのは良くない。彼に合う助ける者を造ろう』」。神は最初に人間をひとり造りました。しかし、孤独のままでは良くないということで、さらにもうひとりお造りになったというのです。

二人は出会い、その関係は深められていきます。「こういうわけで、男は父母を離《はな》れて女と結ばれ、二人は一体となる」(『創世記』2章24節)。この「一体」という表現は、元の言葉を直訳すれば、「ひとつの肉」です。

人は、真の友とつながることができるなら、パズルのピースが組み合うように、あたかももともとひとつの肉体であったかのように、深く安心できる。人は、いつの日か、「この人が自分の半身なのだ」と感じるような、そういうだれかと出会うことができる。それが、聖書が伝える希望なのだと思います。

逆に言えば、聖書を書いた古代の人々もやはり、僕たちと同じように、ひとりであることのさびしさをよく知っていたのではないでしょうか。ブルーハーツが歌ったように、同じ思いで同じ涙をこらえきれない本当の友に、いつか会うことができる。この切なる望みを、孤独の内に抱いていたのではないでしょうか。だからこそ、神さまに「人が独りでいるのは良くない」と言っていただき、「二人は一体となる」というあこがれを聖書に記したのではないか。そんなふうに僕は想像しています。

さびしさの現実と、だれかとつながりたいという切ないまでの願い。これは、時代も地域も超えて、人間に共通のものなのだと知らされます。

どうしてだれかを好きになるのか？

「どうしてだれかを好きになるんだろう……。人を好きになるってどういうことなんだろう……」。あの夜、あなたは、そう問うてくれました。すぐにうまく答えられなかったけど、やっと僕なりの答えを出せるところまで来た気がします。

どうしてだれかを好きになるのか。それは、さびしいからだと思います。この人なら、僕のさびしさをわかってくれる。この人と一緒なら僕のさびしさは和らぐ。もちろん、見た目

がすてきとか、話が面白いとか、趣味が合うとか、いろいろあるけど、だれかを好きになるとき、僕のいちばん根っこのところにあるのは、そういう思いだったな。

そしてそれが、ただ僕だけの思いではなくて、相手も同じように思っていてくれたら最高だよね。相手も僕と会うときに、さびしさが和らぐと感じてくれたら。そういう特別なだれかとの出会いは奇跡《きせき》のようで、飛び上がるようにうれしくて、世界の何もかもが美しく見えてきます。この世を行く足取りが軽くなり、恐れが消えます。

『新明解国語辞典』第五版（三省堂、1997年）で「恋愛」という項目を引いてみると、こうありました。「特定の異性に特別の愛情をいだき、高揚《こうよう》した気分で、二人だけで一緒にいたい、精神的な一体感を分かち合いたい、出来るなら肉体的な一体感も得たいと願いながら、常にはかなえられないで、やるせない思いに駆《か》られたり、まれにかなえられて歓喜《かんき》したりする状態に身を置くこと」。

恋愛の対象は異性だけでなく、同性も含《ふく》まれるから、最初の「特定の異性」は「特定の人」に直すべきだと思います。でも、そのほかは、この文章はとてもいい。辞書の文章とは思えないほど、いきいきとしているよね。

創世記にもあったように、精神的にも肉体的にも「だれかと一体になりたい」という願いは、人が共有する深い願いなのでしょう。それは、なかなかかなえられないけど、それがかなえられたときには体の深くから歓喜が湧《わ》き上がってくる。

「人を好きになる」って、そういうことなのかな、と思います。

ふたつの助言

だれかを好きになって、お付き合いをするという経験は、神さまからのすばらしい贈り物だと思います。そして同時に、ここで、人生の先輩《せんぱい》として助言しておきたいことがあります。

ひとつは性体験のこと。先にも書いたように、僕たちがだれかと一体になりたいという思いは、心だけでなく体においても一体となることも含まれます。体と体で愛し合うことは、より深く相手を知り、ますます好きになる、すばらしい経験です。でもそれは同時に、その人の前に自分をさらし、自分をいっそう委《ゆだ》ねることでもあります。あなたは、いっそう傷つきやすくなります。だから悩《なや》んだり迷ったりしつつ、薄い氷の上を歩むように、一歩一歩、愛を深めてほしいな。

それと、言うまでもなく、妊娠《にんしん》の可能性もあります。責任をもって子どもを育てられるようになるまで、自分を守るためにも慎重《しんちょう》であってほしいと思います。

もうひとつは伏見憲明さんも書いていたけど、実は、僕たちはどこまで行っても自分のさびしさを手放すことはできないということです。

渡辺正男さんという長く牧師として働いた方が、こういうお祈りを記しています（渡辺正

男『祈り　こころを高くあげよう』日本キリスト教団出版局、２０１５年）。

「天の父なる神さま／『祈ってほしい』と親しい友からメールがありました／だれにも他人に代わってはもらえない重荷があります／わたしたちは　その重荷を自分で負えるように／互いに祈り合い　支え合うのですね」

　そのとおりだと思います。だれもが、他人に代わってもらうことができない重荷を抱えている。だれもが、他人にわかってもらえない自分を抱えている。だからこそ、さびしい。さびしいからこそ、だれかを切に求めるんだけど、しかしだれとつながっても自分の重荷を、自分のさびしさを手放すことは結局できない。このさびしさは、僕が他のだれとも置き換えられない「僕」であることと、深く深く関わっているから。この一種のあきらめは、二人の関係が健全なものであるために、とても大切だと、僕もやっとわかってきました。

　でも、それでも、本当に好きな人と一緒にいることができれば、それぞれが自分のさびしさを担うことを、互いに助け合える。それはとっても心強くて、その支えによって僕たちはなんとか生き抜いていくことができるのだと思います。

人生をかけて追い求めていく神秘

最後に、ひとつの映画を紹介して終わりにします。「存在の耐《た》えられない軽さ」という洋画です。１９８８年に公開されました。僕が初めて観たのは、公開から数年が経った、高校生活の終わりころだったかな。その後、何度か観直してきました。

舞台は、１９６０年代後半、チェコスロバキアの首都プラハ。当時の世界は、アメリカを代表とする資本主義陣営《じんえい》と、ソ連を代表とする共産主義陣営とがぶつかり合う、いわゆる「冷戦」状態にありました。そんな中で、１９６８年、共産主義国のチェコスロバキアに改革運動「プラハの春」が起きます。しかしあっという間に、ソ連の軍事介入によってつぶされてしまいました。この世界史の荒波の中を生きた一組の男女が、この映画の主人公です。

トマーシュは腕のよい脳外科医。たいへんなプレイボーイで、複数の女性と気軽に交際してきました。その彼が、テレーザに出会います。二人は出会いました。そして苦しみと悲しみを経験しつつ、出会い続けていきます。僕はこの映画から、人が人を好きになるということが、一瞬《いっしゅん》で終わる出来事ではなく、人生をかけて追い求めていく神秘であることを教えられました。

三時間近い、長い映画です。その終わり近くに、こういうシーンが用意されています。車の中でテレーザがトマーシュに「今何を考えているの？」とたずねる。すると、ハンドルを握っているトマーシュが答えます。

“I'm thinking how happy I am.”

「僕は今、思っているんだ、自分はなんて幸せなんだって」

二人は傷つけ合い、互いを裏切り、そして求め合ってきました。映画を通して、その人生航路を共にしてきただれもが、このせりふに鳥肌《とりはだ》がたつような感動を覚えるはずです。このシーンに向けて、この映画が作られたことを理解します。

僕たちはさびしいです。だからだれかを求めないではおられない。それはしばしば失望に終わります。相手を傷つけることも、自分が傷つくこともある。でもそれを越えて、なお僕たちは「自分の半身」であるだれかと出会っていく。そうせずにはいられないんです。

あなたはこれから、どういう人を好きになるんだろう。その深まりの中で、「生きていてよかった」という思いがじわじわと形作られていく、そういう出会いをあなたにも経験してほしいな。

あなたの幸いをいつも祈っています。

(どい・けんいち)

「あなたは一人ではない」——ゲイであり牧師である僕からキミに伝えたいこと

こんにちは。そして（おそらく）初めまして。ゲイで牧師の平良《たいら》愛香《あいか》です（「ゲイ」というのは国や状況《じょうきょう》によっては女性同性愛者も含《ふく》むこともありますが、今回は「男性同性愛者」という意味で使いますね）。

僕《ぼく》は、自分が男性同性愛者であることをオープンにしている牧師です。そう言うと、「えっ？　キリスト教は同性愛を認めていないんじゃないの？」と思う人もいるかもしれません。実際そのことで僕自身、牧師になる前からたくさん悩《なや》んできましたし、「人間からだけでなく、神さまからもよしとされないなら、生きる意味はない。苦しいだけだ」と考えて、自ら命を終わらせようと思っていた時期もありました。けれども今は、「同性愛者も神さまによって造られ、よしとされ、祝福されているのだ」と強く信じられるようになり、牧師となってそれを伝えています。

確かにキリスト教の中には今でも「同性愛は罪である」と言っている教会も少なくないのですが、その一方で「同性愛は全く問題ではない。神さまがお造りになったものに不良品はない。造られた者として精いっぱい自分らしく生きていきなさい」と言ってくれている教会も増えてきていますし、実は日本でも、ゲイや「レズビアン」（女性の同性愛者）や「バイセクシュアル」（両性愛者）や「トランスジェンダー」（生まれたときの体の性と自分の生きたい性が一致《いっち》していない人）であることを公にしている牧師は何人もいるのです。

今回、10代のキミへ手紙を送るにあたって、僕自身の話をしたいと思います。

僕は１９６８年に沖縄で生まれました。ときどき「愛香さんは、男女差別といったジェンダーの問題や、セクシュアル・マイノリティ（性的少数者）の人権といった問題に取り組んでいるので、あえて性別の垣根《かきね》を越《こ》えたジェンダーフリーの名前を使っているのですか」と尋《たず》ねられることもあるのですが、これはクリスチャンである両親がつけてくれた名前で、「男の子にも女の子にも使える名前」として用意していたそうです（沖縄の平和ではない状況を嘆《なげ》きつつ、平和を祈り願って旧約聖書の『哀歌《あいか》』から名前をとったそうです）。そんな両親は、いつも僕に、「あなたは神さまに造られた、かけがえのない存在である。だから人のまねをする必要はないし、型にはまる必要もない。自分らしく生きていきなさい」ということを言っていました。男らしくでもなく、女らしくでもなく、自分らしさを追い求めることが大切なのだ、と。ですから僕は、人と違《ちが》うことはむしろすばらしいことだと信じて大きくなりましたし、「男だからといって、男らしくする必要はない。自分らしくあればいいのだ」と信じて育ちました。

ところが中学生になったころ、自分の恋愛感情が同性である男性にしか向いていないことに気づき、「ここまで人と違っていていいのだろうか」と初めて不安になってきたのです。高校に進んでからは図書館で「同性愛」について片っぱしから調べたのですが、その当時は「異常性欲」「性的倒錯《とうさく》」としてしか書かれておらず、「おまえは出来損ないの人間である」「間違って生まれてきた存在なのだ」というレッテルを貼《は》られたように感じました。また、救いを求めて読み始めたキリスト教の本には「神の意志に反する罪」と書かれていて、いつも苦しめられました。そして、「これはだれにも相談できないことなのだ。相談しても『そのままでいいよ』と言ってくれる人はいないのだ」という孤独《こどく》感でいっぱいになっていたのです（当時はまだまだ安心を与《あた》えてくれる本がなかったなあ、と心が痛くなります）。

自分がどう生きていいのかわからないままだれにも相談できないのは、とても苦しいことでした。このままでは自分が壊《こわ》れてしまう。そんな限界を感じ、初めてのカミングアウト（自分が同性愛者であることを人に語ること）に向かいます。

僕の最初のカミングアウトは、高校2年生の時でした。親友のI君に部屋に来てもらい、震えながら、涙《なみだ》と鼻水と脂汗《あぶらあせ》をたらしながらのカミングアウト。「僕は男の人が好きなんだ」と一言言うのに、まる一時間かかりました。幸いI君はそれをしっかり受け止めてくれて、「僕にとって愛香は今までと同じ愛香だよ」と言ってくれました。本当にうれしかったのを覚えています。僕にとって最初のカミングアウトはSOSだったんだなあ、と感じます。やがてI君との関係がそれまでと変わってきました。今まで以上に親しくなってきたのです。悩み事を隠《かく》さなくてもよくなったからでしょう。そこで僕は、もっと他の親友にもカミングアウトしたくなってきました。本当の自分を受け止めてもらいたい、そう思うようになってきたのです。

そこから第二段階のカミングアウトが始まりました。「僕をもっとよく知ってください。あなたにはもう嘘《うそ》はつきたくない。悩んでいることも隠したくない。親友なのだから」と。この二段階目のカミングアウトは、お互《たが》いの関係性を「今までと同じだよ」ではなく、「今まで以上に信頼し合える関係だよ」と変えていくものだと感じています。

ときどき、在日韓国・朝鮮人の友人から「本名宣言」についての話を聞くことがあります。差別の多い社会の中で、通名（日本名）で生活している人たちが、本当に自分の痛みや課題を共有してくれそうな人に自分の本名や国籍《こくせき》を教えることがある。その時に「そんなこと関係ないよ。今までと同じだよ」と返答されるとがっかりするのです、と。僕の二段階目のカミングアウトは、在日の人たちの本名宣言ととてもよく似ているな、と思うのです。

高校を卒業し、三年ほど沖縄でフリーターをしていた僕は、その間にいろいろな情報を手に入れて、同性愛者は自分ひとりではないということを知りました（当たり前ですが）。けれど沖縄にいる間は、他の同性愛者には一人も会えませんでした。どうしてだかわかりますか。僕が命がけで隠していたように、みんなも命がけで隠していたからです。だれかに不本意に「バレる」ということだけは絶対にあってはならない。そう考えていました。実際にバレるということは取り返しのつかないことであり、「生きていくことができなくなる出来事」「もしかしたら、そこで生きることを断念しなければならない出来事」だとさえ思っていたのです。けれどやがて、県外に進学してから幸いにもゲイの友人ができました（どうやって彼《かれ》がゲイだとわかったか、という話は長くなるので割愛しますね。残念！）。彼からは、「同性愛はセックスだけの問題じゃなく、人権の問題」「キリスト教が同性愛を否定してきた問題を、クリスチャンであるキミがしっかり考えなければならない」と言われ、今まで以上に自分の生き方について考えるようになりました。

そこから僕の第三段階のカミングアウトが少しずつ始まったのです。「同性愛者はあなたの目の前にいます。気づいてください。差別しないでください」。

そのころ、欧米《おうべい》では「同性愛がキリスト教でよくないことだとされてきた歴史はそれほど長いものではない」「聖書に書いてあると言われてきた同性愛禁止も、翻訳《ほんやく》や解釈《かいしゃく》によって読み方は全く変わる」といった研究が始まっており、日本でも紹介されるようになってきました。同性愛者であることとクリスチャンであることは矛盾《むじゅん》することであると刷り込まれて苦しんでいた僕にとって、それはとても大きな救いとなりました。ただ、「聖書は同性愛を罪だと言ってはいない」という、自分に都合のいい解釈を鵜呑《うの》みにするのではなく、そのことについてもっと勉強したい、と思うようになったのです。

そんななか、意を決して、当時通っていた教会の牧師にカミングアウトをしました（牧師へのカミングアウトはものすごく恐怖《きょうふ》です。受け入れてもらえない場合、自分の信仰や存在そのものを否定されかねませんから）。でも、僕のカミングアウトを聞いた牧師はこう応えてくれました。「神さまは平良さんを同性愛者として造り、祝福しているんですね」。なんとうれしい解放の言葉だったことでしょう。そこに風が吹《ふ》いたのを感じました。「私は生きていていい。私は同性愛者として神さまに造られた。私は同性愛者としての生き方をこれから前向きに模索《もさく》していこう」。

そこから僕は、牧師になる決心をするのです。日本中の、あるいは世界中の苦しんでいる同性愛者たちに、特に「キリスト教」に触《ふ》れてしまったためにかえって傷ついている同性愛者たちに、「あなたは神さまによって造られ、愛されている。だから怖《こわ》がらなくてもいい」ということを伝えるために。そして「あなたは一人ぼっちじゃないよ」ということを伝えるために。

男性同性愛者としての葛藤《かっとう》と経験は、後にさまざまなセクシュアル・マイノリティとの出会いにもつながりました。

男性同性愛者以上にレズビアンであることによる困難が理解されにくいという現状や、バイセクシュアルであることをカミングアウトしただけで「ふしだらだ」というレッテルを貼られてしまうことがある、という現実（異性愛者がすべての異性を性的な対象として見ているわけではないし、同性愛者がすべての同性を性的な対象として見ているわけでもない。にもかかわらず、バイセクシュアルというと、より多くの人間を性的な対象として見ているのだとかん違いされるのが不思議です）。その一方で、性的指向（恋愛や性的な感情の方向性）が女性にも男性にも向いていないアセクシュアルの人たちも生きづらさを感じています。結婚やパートナーを作ることが絶対に正しいと思っている人たちから「圧力」をうけたり、「人を愛せない人」と誤解されてしまったりしている（異性愛の人だって同性の人を人間として愛しているはずなのに）。また、トランスジェンダーの中でもＭｔＦ（「男性」として生まれつつ「女性」として生きることを望む人）とＦｔＭ（「女性」として生まれつつ「男性」として生きることを望む人）の社会的な困難の違いにも気づかされました。さらに「男性でなければ女性である（男性でいるのが嫌《いや》なら女性になるしかない）」といった性別二分主義（男女二分主義）の中で苦しんでいるＸジェンダーの人たち（男性女性のどちらでもない性を自分の性としている人たち）とも出会えたのです。

社会や教会のもっている「性はこうあってあたりまえ」「こうあるべき」という価値観の中で、苦しんでいる人が多いということを痛感すると同時に、「自分らしさとしての性」を

考えたとき、〝性はたった二色では表しきれない、とても多様で豊かなものだ〟と気づかせてもらったのです。

10代のキミへ。性の悩みで苦しんでいる人は多いと思います。けれどその悩みは無駄《むだ》ではないし、その中で神さまがあなたに、どう生きてほしいと望んでおられるのか、それを模索してほしいと思うのです。もしかしたら社会は「女はこうあるべき」「男はこうあるべき」「性はこうあるべき」という価値観が強いかもしれない。あるいは教会などのキリスト教世界ではもっとそのおしつけが強いかもしれない。けれども覚えておいてほしいのは、神さまはあなたをあなたとして造り、「すばらしい完成品ができた」と喜んでおられ、愛し、そして「さあ、あなたらしく生きていきなさい」と語りかけておられるということなのです。

イエスさまが私たちに教えてくれたいちばん大切な二つのこと、それは、「全力で主なる神を愛しなさい」ということと「自分を愛するように隣人《りんじん》を愛しなさい」ということでした。この言葉は、「第一に神を愛し、その次に人間を愛しなさい」ということではありません。「この二つは同じようにいちばん大切なのだ」と語っているのです。人間を愛さないで神を愛するということはあり得ないし、神を愛さないで人間を愛するということもあり得ない。人間は「神さまに愛されているからこそ、神を愛し、人を愛することができるのだから」というのがイエスの教えだったのです。

では愛するって、どんなことでしょうか。とても好きになること？　違うのです。どうしても波長が合わずに好きになれない相手もいるでしょうし、そもそも会ったことのない人や、地球の裏側にいる人を「好きになる」のは不可能です。イエスさまが語る「愛する」というのは、「好き」という感情ではなく、「大切な存在として重んじる。理解しようと努力し続ける」という意味です。

僕は一度、幼なじみの女性に「あんたのこと、大嫌《きら》いだけど愛している」と言われたことがあります。どうも僕の優柔《ゆうじゅう》不断な部分や、考えている「つもり」になる癖《くせ》があることにとてもイライラしていたらしいのですが、それでも僕を「とても大切な存在」として見ていた。だから「嫌いだけど愛している」という言葉が出てきたのでしょう。この言葉に、僕はキリスト教が教える「愛」の本当の意味を見たと感じています。「神を愛すること、そして人を愛すること」、それは、必ずしも「好きになること」ではなく、「大切な存在として重んじ、受け入れる」ということなのです。

もう一つ大切なのは、「隣人を愛しなさい」の前に「自分を愛するように」と言っていることです。「自分を愛さず隣人を愛しなさい」ではないのです。自分をおろそかにしていては、他人も愛せない。他人を愛するためには自分を愛することが大前提なのです。ここでも「自分を愛するってどんなこと？」と思うかもしれません。なかなか自分と折り合いがつかず、自分を好きになれない人もいるでしょう。でも「好きになる」ことと「愛すること」は必ず

しも一緒ではない。「私は大切な存在なのだ」そう確信するところから出発しなければならないのです。難しいときもあります。僕自身、自分をなかなか「愛せない」時期がありましたし、今でもときどき「死んでいなくなってしまいたい」という衝動《しょうどう》にかられることはあります。けれど一つだけはっきりしているのは、「たとえ、自分で自分を愛せず、生きていていいんだと思えないときですら、神さまは、私を肯定《こうてい》し、愛してくださっている」ということ、これだけは揺るがないのです。「あなたは大切」、そう語りかけている神がおられる。「男らしく」でもなく「女らしく」でもなく、あなたらしく生きることを求めておられる神さまがいる。そして、「私があなたを愛しているのだから、あなたも精いっぱい自分を愛し、精いっぱい人を愛することができるはずだよ」とエールを送ってくれている。そんなエールを感じるようになって、僕は自分が同性愛者として神さまに造られたことを感謝できるようになりました。「あなたは一人ではない」この神さまからのエールをみんなに届けたいと思います。

10代のキミへ。神さまがあなたと一緒にいてくださいますように。10代のキミへ。神さまが一緒にいてくださっていることをあなたが感じることができますように。10代のキミへ。神さまがあなたを祝福し、あなたの生きる道を示し、そっと押し出してくださいますように。あなたがあなたの愛し方で、神と人とを愛することができますように。心からそう祈ります。

（たいら・あいか）

〈コラム〉

自分を変だと思っている、10代のあなたへ。

男の子が、女の子の服を着ている。女の子が、男の子の服を着ている。それを変だと思いますか？ わたしは異性の服を身につけることは変なことで、してはいけないことだと、ずっと思っていました。

わたしは後藤香織《ごとうかおり》といいます。日本聖公会《せいこうかい》というキリスト教の教派の司祭で、いくつかの教会の牧師をしています。現在は女性として生活をしていますが、わたしは男性として生命を与えられ、人生の半分以上を、男性として生きてきました。物心がついたときから、自分の身体が、男の体であることはわかっていました。けれども、女の子の持ち物をもっていたいという思いや、女の子の服を着てみたいという思い、スカートをはきたいという思いも、同時にわたしの中にはあったのです。

わたしのように、生まれもった性別に違和《いわ》感があり、元の性別とは違《ちが》う性別で生きる人々をトランスジェンダー*（Transgender）と言います。そして身体の性別が「男性」で、自分は「女性」だと思っている場合をMtF（エムティーエフ。Male to Female）、身体の性別が「女性」で、自分は「男性」だと思っている場合をFtM（エフティーエム。Female to Male）と呼びます。また女でも男でもない場合、女と男両方だと思う場合を、それぞれMtX（エムティーエックス。Male to X）、

ＦｔＸ（エフティーエックス。Female to X）と呼びます。

最初に書いたように、男の子なのに、女の子の服を着ることは、変なことで、してはいけないと思っていました。だから、わたしはコソコソと隠れて、だれにも知られないように、女の子の服を身につけて、なんとか自分の気持ちをごまかしていました。そして女の子の服を脱ぐと、してはいけないことをしてしまったという罪悪感が、わたしをおそうのでした。


男として過ごす毎日も、自分への嫌悪感《けんお》との闘いでした。女の子として振る舞いたいという思いは、だれにも知られてはいけません。ですから、人が自分をどう思うかばかりを気にしていたわたしは、男らしく振る舞おうと、ムキになっていました。

はたして男らしさが何かを答えられる人はいるのでしょうか。そのときわたしは男らしさということが、よくわかりませんでした（今も、わかりませんが）。結果、乱暴に振る舞ってみたり、いばってみたり、自分のしたくないことを積み重ねてしまったのです。そんな自分への嫌悪感は、増すばかりでした。でも、そんな「変な思い」をだれにも相談できずに、そんな思いを死ぬまで隠すつもりで、わたしはおとなになったのです。

小学生の時、初めて妹の服を借りて、女の子の服を着てみた時は、とてもうれしかったことを覚えています。その後も時々、女の子の服を身につけ、女の子として振る舞う時間は、普段は押し込めていた、女の子として振る舞いたいという思いを解き放てる、ささやかな幸せのひとときでした。

このような、わたしが心からうれしいと感じられる時間を過ごすことは、はたして悪いことでしょうか。神さまは、わたしたちに生命を与えて、その生命を光り輝《かがや》かせるようにと、この世界に送り出してくださったのです。人の目には変だと映っても、本当にわたしらしく生きていくことができるように、神さまがいつも祈ってくださることを信じて、わたしは2003年に、MtFTG（男から女へのトランスジェンダー）であることを教会でカミングアウトして、わたしらしく歩み始めました。

もしかしたら、あなたを変だという人がいるかもしれません。でも、どうぞ忘れないでください、神さまはあなたが生命を輝かせて歩むことを、祈ってくださっていることを。

（ごとう・かおり）

＊トランスジェンダーは、性別二元論（性別は女と男の二つしかないという考え）を前提にして、それを越えることを意味する表現のため、トランスジェンダーという呼称を使わない人もいます。

〈コラム〉 10代のあなたへ

私は「パンセクシュアル（全性愛者）」です。私は人を好きになるとき、「相手の性別が最優先事《じ》項《こう》」ではありません。同性愛者の人も異性愛者の人も、その人の性別がまず最優先事項でしょう。それを意識していないかもしれませんが。でも私は、好きになった人が好きになった人。性別は関係ありません。これまで結果的にですが、いろんな「性」の人とお付き合いをしてきました（そうそう。私は「女性」として生まれて「おんな」であることを引き受けて生きることにしました。この社会にある「いろんなこと」を考え行動しながら生きることに……ね）。

私が私のセクシュアリティ（生き方（生・生活・人生など）と深く結びついたものとして考えられる人間の性の在り方。自分がどう理解し、どう表現するかであるので、当然のことながら、その人の生きる社会そのものや文化的状況《じょうきょう》に影響《えいきょう》されます）を表す言葉にやっと出会ったのは、20代も半ばを過ぎてからでした。それまでは自分だけがこんななんだと思っていました。「女性のことを好きになったり男性のことを好きになったりするなんて、こんな最低でふしだらな人間は私しかいないんだ、神さまからも赦《ゆる》されない……」、もともと生きることに弱気だった私は、その絶望の果てに死をみたことがいったい何度、あったでしょう。

でも、そのあと調べることさえ怖《こわ》くて閉じこもっていた私は、仲間と出会える場所へと出ていくようになりました。自分ひとりじゃないとわかり、たくさんちゃんと勉強したら「聖書」もセクシュアル・マイノリティを否定したりなんかしてないとわかりました。そして、ゆっくりゆっくりカミングアウトを始めました。「あなたはひとりじゃないよ」「いっしょに考えようよ」と伝えるために。

最初のカミングアウトを、今でも思い出します。その人は少し間をおいてから「話してくださって、ありがとうございます。僕《ぼく》に何かできることはありますか?」と言ってくれました。私は涙目《なみだ》になりながら「いえ、なにも。ありがとうございます」と応えました。幸せなカミングアウトだったと思います（今でもその人と仲良しです）。

でもね、私が同性である「女性」にカミングアウトをするとわりと頻繁《ひんぱん》にこう言われます。「私は違《ちが》うから。私は男の人が好きなんだからね」。うん。それはわかった。うん? 私は傷ついているよ、なんだろ。最初はわかりませんでした。でもそのうち気づいたのです。それが「あなたの恋愛やセックスの相手にしないでね」という意味であること。悲しい気持ちと笑ってしまう気持ちと両方で泣きました。

異性愛者でも相手がだれでもいいわけではないでしょう。私だってだれでもいいわけじゃない。でもバイセクシュアル（両性愛者。女性も男性も恋愛の対象）やパンセクシュアルの人はいつも、だれでもいいんだろ？　という目にさらされています（実は同性愛者からもそう見られていることがあります）。複数の人を同時に好きになるんだろ？　という目もあります。一人の人を好きになるか複数の人を好きになるかは、性的指向とは全く関係のないことです。こんなふうに「あの人は△△だから、○○のはず」って決めつけちゃうことも「偏見《へんけん》」とか「差別」っていうんだよね。

今、10代のあなたは、もしかしたら、自分のセクシュアリティを考えたこともないかもしれません。そしてもしかしたらもうわかっていて、苦しい思いをしているかもしれません。そしてそんな人たちがあなたの周りにいるかもしれません。

お互《たが》いに理解し合いながら、一緒に生きていけたらいいと思います。そんな世界、そんな「神さまの国」——差別や搾取《さくしゅ》がなくなり、人と人の間に本当の意味での平和な関わりが築かれること——が来るようにと願っています。

（うすい・かずみ）

〈コラム〉 **性的マイノリティの僕から、あなたに伝えたいこと**

10代になったあなたは、今どんなことを考え、感じていますか? 僕《ぼく》があなたと同じくらいの年齢だったころ、そうですね、だいたい中学生くらいのころから、僕は周りの子たちとは違《ちが》っている、だれにも話せない秘密をもっているとだんだんと感じるようになりました。自分が普段《ふだん》は信用できる人たちにも、この秘密を知られてしまったら、「気持ち悪い」と言って離《はな》れられてしまうのではないか。あるいは、自分には何も言わないけどほかの人に自分のうわさ話をされるんじゃないか。いつもそんなことを考えながら重たい気持ちで過ごしていました。他愛もない話を友人や家族としながら、「僕に向けてくれる笑顔を壊《こわ》したくない、そのために絶対にこの秘密を隠《かく》し通そう」と、ずいぶんと意気込んでいました。

いったいどんな秘密を? と思ったかもしれません。僕は同じクラスの男の子を好きになっていました。そんなわけないと思うかもしれません、僕も当時はそう思っていました。そんな話はきいたことがなかったし、周りにそんな人がいるとはきいたこともありませんでした。「同性愛」という言葉は知っていたけれど、それは、自分から興味をもって選びとる〝変わった趣味〟だと思っていたし、みんなが気持ち悪がるようなことをどうして自分から選ぶ人がいるんだろう? となんとなく疑問に思っていました。学校でまじめに勉強をして、神さまが望む生き方を学ぶために、教会に通って熱心に聖書を読んでいた自分とは全く関係のない言葉だと思っていました。気づいたら、そんな自分が男の子を好きになったのだから、これは僕だけの秘密として隠しておこうと思ったのも、自然なことと思います。

「成長したら異性を好きになる」と小さいころから思っていたこどもでも、20人に1人は自然に同性を好きになるということを知ったのは、ずっと後のことでした。

当時の私を知ってもらった上で、あなたに伝えたいことがあります。「20人に1人」、というのは（あなたが学校に通っているなら）クラスのうちの1人は同じように悩《なや》んでいる、ということです。もしだれかが、ひとりで抱《かか》えきれなくなって、重大な「秘密」をあなたに打ち明けたなら、あたたかく聞いてあげてほしいのです。「勇気をもって話してくれてありがとう」「一緒にどうするか考えていこうね」という言葉は、たとえ一時でも、その人の心を軽くするでしょう。「彼女が同性愛というのは、思い過ごしなんじゃないか」「彼は悪いことをした罰《ばつ》を受けているんじゃないか」とあなたが感じたなら、それは心にしまっておきましょう。悩んでいる本人は、きっとそんな問いかけを何度も自分自身にしてきた上で、やっとの思いであなたに打ち明けたのでしょうから。

あるいは、この手紙を読んでいるあなたは20人のうちの1人なのかもしれません。今いる環境《かんきょう》の中で苦しんでいたとしても、もう少しおとなになって行きたい所へ行けるようになったら、世界が広がっていくことをどうか覚えていてください。

高校生のころ、図書館で見つけた本を読んで、日本でも数少ない性的マイノリティの人たちが集まる礼拝があることを偶然《ぐうぜん》知りました。その礼拝に参加して学んだことは、ある決まった教会が、その時に必要な導きを全て与《あた》えてくれるわけではないということです。その気づきを得たことによって、それまで行き詰《づ》まっていた自分と神さまとの関係がぐっと豊かに、もっと活き活きと感じられるようになりました。世界を広げていくことで、苦しみの中にも一筋の光が見えてくることがあります。

あなたがこれから経験するさまざまな出会いがあなたに希望を与えますように。そのようにお祈りして手紙を終えたいと思います。

（ｈａｒｕ）

第三の手紙

性のこと からだのこと

知っておきましょう、私たちのからだのこと　赤嶺容子

愛と性をうたう　沢知恵

セックスするとき、ちょっと考えてみてね——避妊や中絶のこと　赤嶺容子

知っておきましょう、私たちのからだのこと

今思春期の真ん中にいるみなさんに出会えて、とてもうれしいです。この手紙を読んでくださっているのは、みなさんのご両親や先生かもしれません。おとなが自分の性をどのようにとらえているか！ということもとても大切なことです。

性についてのお話をすると、一人ひとり知っていることや反応がずいぶんと違《ちが》うんだな、と感じています。「小学校で習った」と言う人もいれば、「えーっそんな話聞きたくない」と言う人もいるでしょう。でもおとなになっていくなかでは大事な内容かな、と思うのです。ですから、自分のからだとこころを大切に育んでいくために、ちょっと耳を傾《かたむ》けてくださいね。

授業でこうしたことをお話しするとき、嫌《いや》そうにしながらも、実はよく耳を澄《す》ませて聞いている子がたくさんいました。まわりに「あの子、性のことに興味がある、関心がある」って知られると恥《は》ずかしいと思うからでしょう。でも自分を守るため、特に「望まない妊娠《にんしん》や出産を避《さ》けること」について知ってほしいので、ぜひ聞いてね！

思春期のこころとからだ

思春期のこころとからだの変化をみていきましょう。思春期は、こどもからおとなへの変わり目なので、大きな変化を体験します。

自立って?

まず、からだのお話の前に「自立」について考えてみたいと思います。ことばは難しそうですが、実際にはみなさんはもう体験していることです。

自立とは、「ひとりで生きていく力をもつこと」です。自立には段階があります。赤ちゃんのときを思いだしてください。生まれたときは、自分で立つことも、食事をすることもできなかったことを考えると、みなさんはすごい進歩をとげていますね。でも、「もう自分でなんでもできるんだから。お母さんはうるさい！」と言いつつも、困ったことがあると「まだ子どもだもん、ムリ！」といって逃《に》げてしまうこともあるでしょう。その「自分でもうできる！」と「自分にはまだムリ！」という「自立している自分とまだ自立していない自分」の二つのあいだを行き来しながらも、まだまだ自分のすべてを背負うだけの力は備わっていないのが今のみなさんかなと思います。

自立に大切なことは「自分で答えをだすこと」。自分で考えて、責任をもってなにかを選びとるという判断を自分でできるようになることが、自立して自分らしく生きるために必要だと思うのです。自立のなかには「性の自立」ということもあります。からだはどんどんおとなになります。「自分で決める」ということには責任が伴うので不安がありますが、そのなかでひとつひとつを選びとっていくことが、自立へとつながるのです。

また、こころの成長は、自分と相手が時間をかけてお互《たが》いをわかりあいつつ、尊重する関係をつくっていき、共に生きていくことを助けてくれます。簡単なことではありませんが、自分と相手を知り、それぞれを守ることによって、豊かな関係をつくることができるのです。こうした関係も「性の自立」を助けます。恋愛関係だけではなく、お友だちとも家族とも、自分が相手に何をできるかをお互いに考えあいながらよいつながりをつくっていきたいですね。

私たちのからだはどうなっているの?——女の子のからだの変化

では次に「今からだがどのように成長しているか」をみていきましょう。女の子は、小学生の高学年のころからおっぱい（乳房）がだんだん大きくなって、わきや性器のあたりに毛（体毛）が生えてきます。

女の子は脂肪《しぼう》の割合が増えて（「えーっ、太るからイヤ！」と思うかもしれませんが……）、丸

みをおびた体つきになります。腰《こし》のあたりにある「骨《こつ》盤《ばん》」という骨の奥《おく》に、洋ナシみたいな形の「子宮《しきゅう》」があり、その左右に「卵管《らんかん》」がついて「卵巣《らんそう》」があります。卵巣のなかには、みなさんが生まれる前から、すでに「卵子《らんし》」の赤ちゃんが用意されているんですよ！　これを「原始卵胞《げんしらんぽう》」といいます（だいたい、ひとり200万個用意されています）。

排卵、妊娠、月経のしくみ

思春期を迎えるころ、脳の「下垂体《かすいたい》」というところから「性腺刺激《せいせんしげき》ホルモン」が「そろそろ、排卵《はいらん》しますか？」と卵巣を刺激します。そうすると、卵巣からホルモンがでて、卵子をだすための準備がはじまるのです。卵巣のなかで原始卵胞がだんだんと成長し、やがて1個の卵子が飛び出します。これが「排卵」です。卵子は卵管を通って子宮に降りていきます。

セックスによって「精子」が「膣《ちつ》」から子宮を通って

女の子の性器

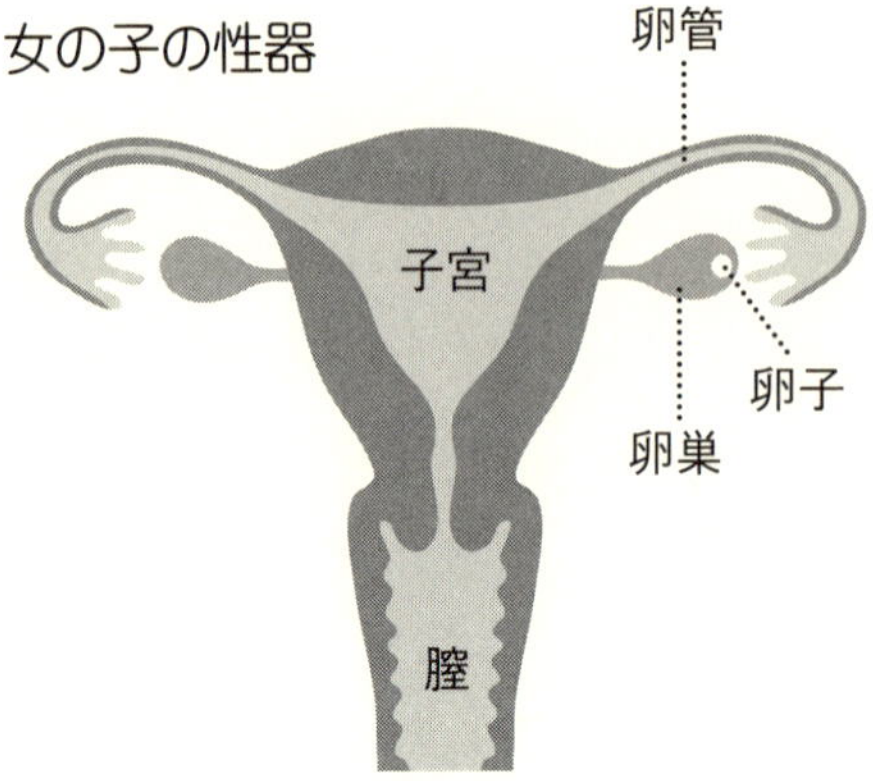

排卵から月経・妊娠《にんしん》への流れ

十分に育った卵子が、卵巣の外にだされて（排卵）

受精して、着床すると…　→ 妊娠

受精しないと…　→ 月経

卵管に泳いでいき、卵管のなかで「受精《じゅせい》（卵子と精子《せいし》がひとつになること）」をすると「受精《じゅせい》卵《らん》」となります。受精卵が「細胞分裂《さいぼうぶんれつ》」をくりかえしながら子宮に向かっていくときには、卵管の「せん毛《もう》」という毛が助けてくれます。そして子宮のいちばん気に入った場所に寝床を作ります。これを「着床《ちゃくしょう》」といいます。受精から着床までに1週間かかります。そして約280日の間子宮のなかで育てられ、みなさんは生まれてきたというわけです。

子宮のなかは、いつ受精《じゅせい》をしてもいいように、ふかふかのおふとんの状態になっています。でも精子が泳いでこなければおふとんはいらなくなり、血液と組織の固まりとして膣を通って外に排出されます。これが「月経《げっけい》」ですね。月経がおわると、また新しいおふとん作りが始まります。このリズムがだいたい26～32日くらいの周期で続くのです。一生のうちで、400～500個の卵子が、左右の卵巣から順番に排卵していきます。それが思春期から「閉《へい》経《けい》（月経がなくなること）」する「更年期《こうねんき》（50～54歳《さい》ごろ）」まで続きます。

初めての月経である「初潮《しょちょう》」は、だいたい11～12歳ごろにきます。でも、ひとによって個人差があるので、小学生のときに始まっているひとも、13歳になって始まっていないひとも心配しないでね。また、毎月くる月経を「めんどくさいな」と思うかもしれませんが、いやがらず上手につき合ってくださいね。ホルモンが確実に働いて月経がくるというのは、健康を守るために大事なことなのです。

るのも良い方法です。

ただ「動けない」といった状態になってから鎮痛《ちんつう》剤を飲んでも効果がありません。早めに対処することが大切です。月経痛がつらいときには、我慢をせずにお医者さんと相談しましょう。ピル（低用量経口避妊薬。148ページをみてください）を規則的に飲むことでつらい症状がよくなる場合もあります。

また、月経痛がひどい場合には「子宮内膜症《しきゅうないまくしょう》」という病気が隠れていることもあります。子宮の内側にある「子宮内膜」に似た組織が子宮以外の場所にでき、炎症や痛みの原因となるのです。

他に「月経前症候群《げっけいまえしょうこうぐん》」という、月経前に気持ちが不安定になり、頭痛、腹痛、眠気、ニキビ、肌荒れがつよくなるという症状がでることもあります。睡眠《すいみん》不足を避《さ》けて朝食を必ずとり、規則正しい生活をすることで、症状がやわらぐこともあります。

Q　月経中に気をつけることって？？

A　今はとても性能がよい（紙）ナプキンがドラッグストアなどで手に入りますね。「夜用」や薄い「少ない日用」などがあり便利です。月経の血液は栄養がありますから菌の繁殖がおこりやすいため、ナプキンは時間が経ったらきちんと交換してください。月経中は、シャワーやお風呂のときに性器を清潔に保つためにきれいに洗いましょう。
また、トイレを血液で汚してしまったときなどには、きちんと拭《ふ》いて、後に使う方への配慮《はいりょ》をしましょう。

月経の悩《なや》みＱ＆Ａ

Ｑ　月経が始まらない！　月経が止まっちゃった……！

Ａ　月経はだいたい11～12歳ごろに始まります。もし、15歳になっても月経が一度も来なかったら、お医者さんに相談しましょう。

初潮からしばらくはホルモンの働きが不安定なので、きちんとしたリズムで月経がこないかもしれません。そうした場合も、治療が必要かどうかの判断をお医者さんにしてもらうとよいでしょう。

また、「月経が止まってしまう」という悩みも多くあります。これを「続発性《ぞくはつせい》無月経《むげっけい》」といいます。原因として「ダイエットによる痩《や》せすぎ」「スポーツによる無理が続くこと」「ストレス」などがあります。

思春期には摂食障害《せっしょくしょうがい》とよばれる病気がありますが、「もっと痩せたい……」ときちんとした食生活を送っていないと、月経が止まり、脳も働かなくなって考える力もなくなる……、と大変なことになります。そうなってしまうと、体重が元に戻っても月経をふたたびむかえるのがとても難しくなります。月経が止まって３か月をこえたときには、お医者さんに行ってくださいね。

Ｑ　月経のときにおなかが痛い！　生理痛がひどい……

Ａ　月経時に腹痛、頭痛、腰痛などの強い痛みによって、普段の生活が送れなくなるひともいます。骨盤《こつばん》のなかの血液循環がわるくなることで、子宮の痛みが強くなる場合もあります。お風呂に入ってあたためて血液の流れをよくしたり、軽くスポーツをすると痛みがやわらぐこともあります。カイロをおなかにあててあたため

月経について知っておきたいこと——基礎体温

朝、起きたときにからだを動かさない状態ではかる体温を「基礎《きそ》体温《たいおん》」と言います。「婦《ふ》人《じん》体温計」（ドラッグストアなどで売っています）を準備して、口の中の舌の下で計ります。そうして計った体温の変化から「排卵日はいつかな？」「次の月経がいつごろはじまるのか」「妊娠しているかどうか」といったことがわかります。

月経のサイクルから女性の体温をみると、「低温相《ていおんそう》（体温が低い時期）」と「高温相《こうおんそう》（体温が高い時期）」にわかれます。脳下垂体からでる「黄体《おうたい》形成ホルモン（LH）」というホルモンにより、低温相から高温相に変化するところ（次の月経予定日の14日前くらい）で排卵がおこります。粘《ねば》り気の高い「おりもの（膣からでてくる粘液。透明や白い色をしています）」が増えます。

月経がこない場合や月経のサイクルが不規則なときには、基礎体温をはかることでその原因を調べる手だてともなるのです。お医者さんを受診する際に、診断の参考にもなります。

この基礎体温によって、排卵日を予測することができますが、基礎体温の情報だけで避妊をするのは危険です。また、低温相のときと高温相になって3日間を過ぎるまでは「危険日（妊娠しやすい日）」と考えてください。

妊娠から出産

先ほど「排卵された卵子が卵管を通ってくる間に受精をする」ということをお話ししまし

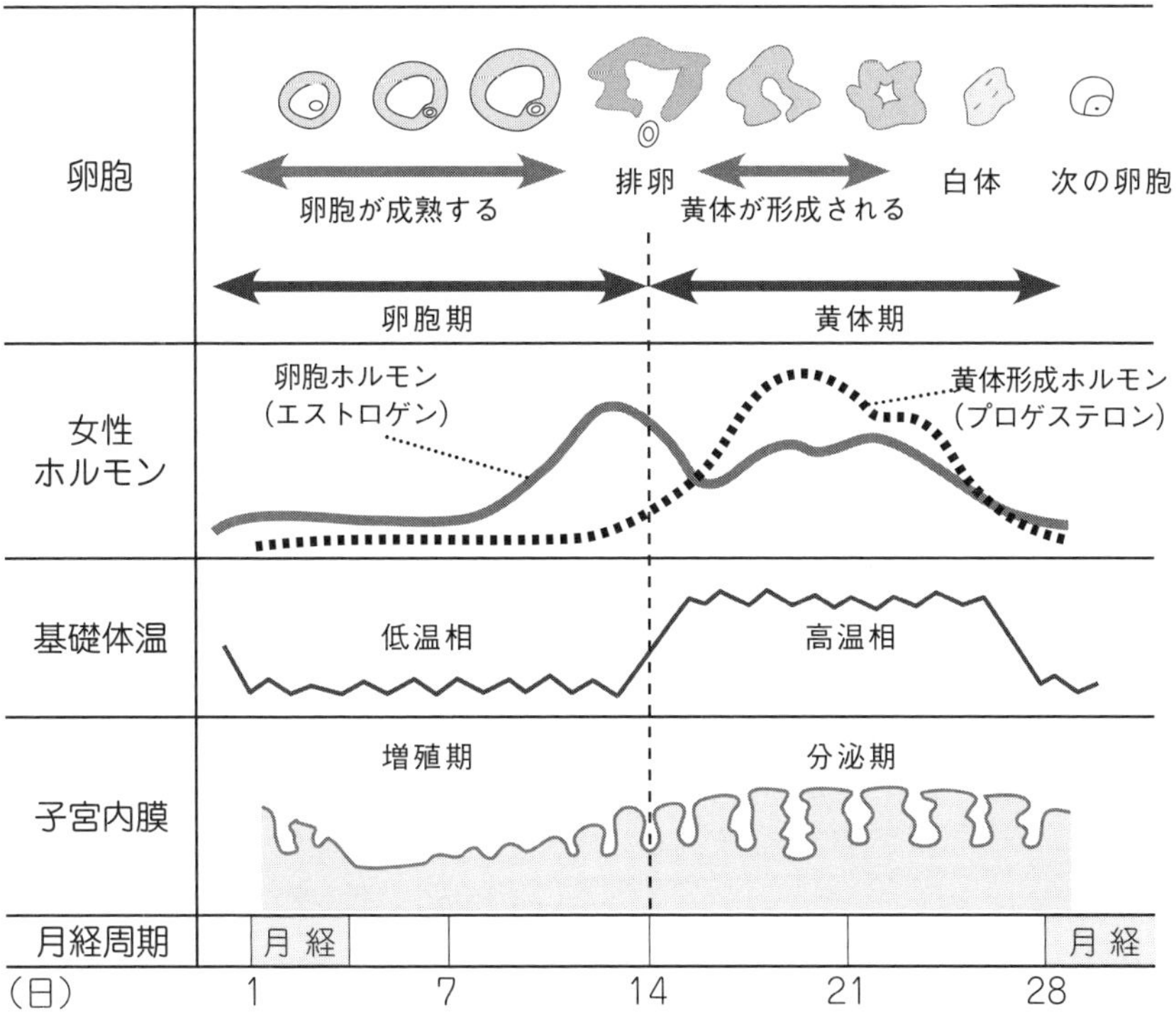

女性の体のサイクルの変化

た。卵子は排卵してから24時間で死んでしまいますが、精子は3日間くらい生きているので、卵管のなかで排卵される卵子をまっていることができます。

膣のなかを清潔に保つために「膣《ちつ》かん菌《きん》」という酸性の菌が働いているのですが、排卵の時期にはその菌の働きが少し弱くなり、膣内がアルカリ性になります。また、精子が元気に泳いで卵子に到達するために、おりものがでて精子を保護します。

射精によって放たれる何億もの精子のなかから、元気に泳いでいったものの一つだけが卵子の中に入ると、「細《さい》胞分裂《ぼうぶんれつ》」が始まるのです（受精卵の誕生です！）。子宮に降りていった受精卵は自分から子宮の壁（子宮内膜《しきゅうないまく》）に

足を伸ばして着地をし（着床）、栄養分をもらって育っていくのです。
「次の月経が来ないなあ」と思うころには、妊娠4週にはいります（妊娠週数は、最終月経の第一日目から数えます）。「妊娠前期《にんしんぜんき》」は0～11週、12週にはいると「妊娠中期《ちゅうき》」にはいります。出産予定日は「妊娠40週0日」です。

さてみなさんは、「母子健康手帳」を知っていますか？ みなさんのお家にもしあったらみてみましょう。そこには、みなさんがおなかにいたときにどのように成長したか、産まれた後どのように育っていったかが記されています。生まれたときの身長や体重もそれぞれですね。母子手帳からは、みなさんのいのちが大事に育まれてここまで成長してきたってことがきっとわかることでしょう。今、ここにいることをもう一度感謝のなかで考える機会にしてほしいなあと思っています。

婦人科に行ってみよう！

おりもののことや月経のことで心配事があったりしても、「婦人科にいくのはちょっと……」「なんだか恥ずかしい」「いきにくい……」と思うかもしれません。
でも心配しないで！ 婦人科や女性のクリニックには、思春期のからだの変化のことをよくわかっているお医者さんがたくさんいます。若いうちから、からだ（特に性器のことなど）

に心配なことがあったときにきちんとお医者さんに相談することは、みなさんがこれから自分のからだを守るために大事なことです。そして大切なパートナーができ、何か相談したいことがあったら、一緒にお医者さんのところにいってもらえたらいいな、と思います。

「内診《ないしん》（性器のなかを診察すること）がイヤ」と思う人もいるでしょうが、症状によっては内診することなく、おなかの上から超音波（エコー）によって検査する、ということもあります。また、内診をしたくないときには、そのことをお医者さんに伝えてみてくださいね。

私たちのからだはどうなっているの？——男の子のからだの変化

男の子のおなかのなかには「前立腺《ぜんりつせん》」、「精《せい》のう」、「精管《せいかん》」があります。「ペニス」と「精《せい》巣《そう》」はからだの外に出ています。精子が元気でいるためには、体温より低い温度である必要があるので、精巣を包んでいる「陰《いん》のう」は伸びたり、縮んだりすることで温度調節をしています。小学校高学年ぐらいから筋肉が多くなり、肩幅も広くなって体毛が生え、のど仏が出て声変わりをします。声帯《せいたい》が長くなり低い声になるのです。

射精のしくみ

男の子の場合も、やはり「性腺刺激ホルモン」が精巣を刺激し、精巣で「男性ホルモン」

と精子をつくり始めます。たくさんの精子は「精巣上体《せいそうじょうたい》（副睾丸《ふくこうがん》）」というところで栄養をもらい、6週間かけて育ちます。性的な興奮が起きると、（腰のあたりにある）中枢《ちゅうすう》から命令がでて、ペニスの海綿体《かいめんたい》に血液が流れ込んで、ペニスは大きく上を向きます。これを「勃起《ぼっき》」といいます。日々作られる精子は、前立腺や精のうから出される分泌液《ぶんぴつえき》と一緒になって「精液《せいえき》」となり「尿道」から出ます。これが「射精《しゃせい》」です。一回の射精でだされる精液は3～4ミリリットルで、そのなかには3～4億個もの精子が入っています。

初めての射精である「精通《せいつう》」は13歳くらいから始まります。射精の体験はいろいろあるようですが、朝起きたらパンツがぬれてごわごわしていたといったものがあります。夢のなかで興奮して、無意識のうちに精液がでてしまうことを「夢精《むせい》」といいます。また「マスターベーション（自慰《じい》）」によって自分でコントロールをしながら射精を導くことができますし、性行為によっても射精は起こります。

「精子は毎日作られているから、射精しなかったらくさっちゃったりするの？」といったことを思うかもしれませんが、射精されない精子は自然にからだに吸収されていきます。

性欲やセックスとの向き合い方

17～18歳にピークを迎える、男の子の性欲。おのずからわき上がってくるそうしたものと、どうやって向き合えばよいのでしょう？「セックスしたいから、だれかとつきあってセックスするのが当然。愛しているからいいんだよ」と考えるのはどうなのでしょうか。セックスというのは、お互いが育んだ、相手を信頼する関係のなかで行われるものであり、単なる性欲や欲望を満たすものではありません。

今は、さまざまな情報があふれています。アダルトビデオやインターネットの動画といった、性的な刺激が多くあります。それらのなかには、女性を自分の思いのままにして従わせるような映像や、女性を傷つけるような漫画などもありますが、そうしたものに描かれる関係が普通だとは思わないでください。

そして、「最初からかっこよくスムーズに女の子をリードできる！」人などいませんし、「男の子がセックスをリードしなくちゃ男らしくない」と思い込まないでください。まずは、目の前の相手ときちんと向き合っていろんなことを話したり、一緒に食事をしたり……といったコミュニケーションをとることがスタートだと思うのです。セックスに関しても、「どうやったらお互いを守り、大切にできるのかな」と相手と考えられるとよいですね。

男の子の性器

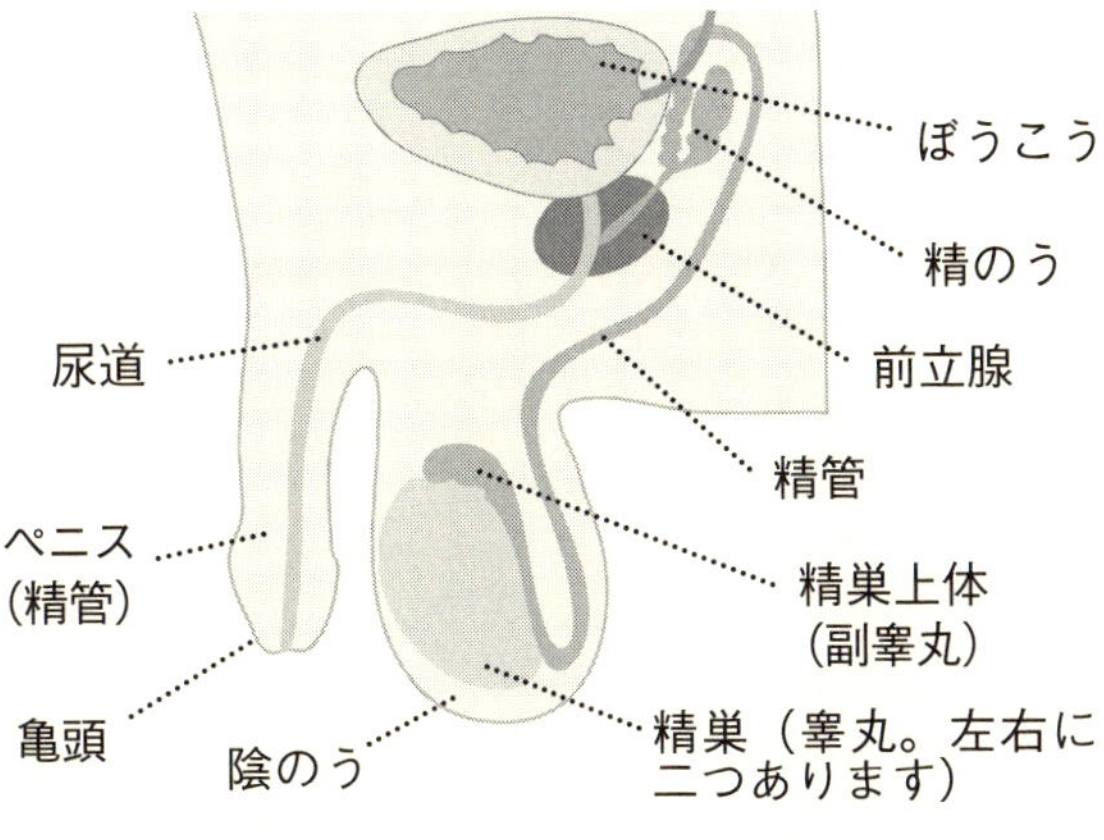

また、コンドームをつかって避妊することは、相手を大切にしていることを示すひとつのかたちです。最初のうちは、つけかたなどに戸惑うかもしれませんから、きちんとつけられるように練習してみましょう。

男の子にとっての心配ごと

思春期を迎えた男の子は「女の子のほうがからだもおおきいし、おとなっぽく見えるから、何だか自分が子どもにみえる」と感じるかもしれません。これは、ホルモンが働き始めるのが、男の子より女の子のほうが少し早いからです。

また、男の子の性毛（性器のあたりに生える毛）は、「副腎《ふくじん》皮《ひ》質《しつ》」（腎臓《じんぞう》の上についている副腎の外側の部分）と精巣の両方からでる男性ホルモンの作用によって生えるので、ホルモンが異なる女子とは生え方に違いがあります。そして体毛についても毛深さを気にすることがあるようですが、それはそれぞれの個性ですし、毛深さを気にする女子も少ないようです。

男の子にとっての性に関する三大悩《なや》みごとは、「包茎《ほうけい》」「ペニスの大きさ」「マスターベーション」と言われています。特に、最近は男の子同士で気軽に性に関することを話す機会も少ないようなので、「自分って大丈夫なのかな？」と悩んでしまうことも多いようです。

①包茎

包茎というのは、勃起していないときにペニスの先の「亀頭《きとう》」が周りの外の皮（包皮《ほうひ》）におおわれている状態のことをいいます。生まれたときには包皮と亀頭（亀頭粘膜《ねんまく》）がくっついているのですが、からだの成長とともにはがれ、11歳から15歳くらいで亀頭の80パーセントくらいが外に出てきます。

真性包茎《しんせいほうけい》（自分で外の皮をはごうとしても亀頭がでないこと）の場合には、手術が必要になりますが、そういったものでなければ心配することはありません。でも、包皮が亀頭にかぶさっていると「恥垢《ちこう》」と呼ばれる垢《あか》がたまり、不衛生になります。お風呂に入ったときに、亀頭を外にだし、きちんと洗いましょう。

②ペニスの大きさ

「自分のペニスの大きさではセックスができないかも……」と心配する男の子もおおいようです。勃起したときに4〜5センチあれば、セックスするのに問題は起こりません。〝ペニスを受けいれる膣は、柔軟《じゅうなん》に対応でき、弾力性があるので問題ない〟、というのが専門家の共通した見方のようです。

③マスターベーション

マスターベーションをするにあたっては、「気持ちいいけれど何だか悪いことをしているんじゃないかな……」という後ろめたさがあったり、精液に対する感じ方もいろいろです。

村瀬幸浩さんという方は、マスターベーションが「かくれた、恥ずかしい罪」というイメージとして表現されることが今も続いている、と考えています。（『男子の性教育――柔らかな関係づくりのために』大修館書店、２０１４年より）。

しかしマスターベーションは、望まない妊娠や性感染症の予防をするために、自分で自分を律することの手段ともなります。また、自分で性欲をコントロールしながらの射精は、おとなとしての「性の自立」への道ともいえます。ただ、やり方には気をつけましょう。強い刺激で射精をするということを続けていると、膣のなかでの射精が難しくなります。手でペニスを軽く握《にぎ》り、ピストン（前後に動かす）運動で射精をする方法を学ぶことが大切です。

女の子にとっても、マスターベーションは悪いことではありません。お互いにふれあうことができませんが、望まない妊娠や性感染症などのリスクをさけることができます。

さいごに

ずいぶん具体的な内容だな、と思われたことでしょう。でも、おとなになる前に自分の身を守るためには、「知ること」が大切です。それが、将来の（現在の）パートナーを守ることにもなると思うのです。

大切なこころとからだはあなた自身のものです。

（あかみね・ようこ）

愛と性をうたう

40代の私から、少し先ゆく人生の先輩《せんぱい》としてこの手紙を書きます。少し先といっても、あなたから見たら私はただのおばさん。ふつうのおばさんとちがうとすれば、歌手だということかな。あなたの知り合いに、歌手のおばさんなんている？　自分ではごくふつうだと思っているんだけど、自分で言う「ふつう」は、人から見たらふつうじゃないのかもしれないね。

歌手になって二十五年。私がうたってきたうたの半分以上は、いわゆる恋愛がテーマ。100パーセント恋愛しかうたわない歌手も多いなかでは、少ないほうかもしれない。

「あなたを愛してる」「キスしてください」「愛してるのに愛せない　悲しくて苦しくて」「いっしょにいても離《はな》れていても　あなたの愛を感じていたい」「私にとってのぬくもりがあなたにとってのやすらぎになるように　ずっと　抱《だ》きしめたい」

ああ、恥《は》ずかしい。私が作詞したうたから、さっといくつかの歌詞を抜き出して並べただけでも、愛、愛、愛。うたってもうたっても尽《つ》きないのが愛。

音楽だけじゃない。美術館に行くと、裸の人の絵や彫刻《ちょうこく》がいっぱいあるでしょう。大昔から、人は愛や性を描き、かたちづくってきた。文学、演劇、映画、舞踊《ぶよう》……みんなみんな

愛と性を表現している。メインテーマでなくても、どこかで必ずそこにつながっている。美術館で思ったことない？　どこまでがいやらしくて、どこからが「美」、つまり芸術になるんだろうって。大好きなロバート・メープルソープの写真やジョージア・オキーフの絵を見ると、私はいつも感動する。どちらもいまや揺《ゆ》るぎない芸術としての地位を得ているけれど、発表当時はどちらもわいせつだと批難《ひなん》されたのもわかる気がする。

話をうたに戻しましょう。私にとって、歌手としての転機になった詩を紹介します。金素《キムソ》雲《ウン》（1907〜81年）訳編の朝鮮詩集『乳色《ちちいろ》の雲』（河出書房、1940年）から。

こころ

金東鳴《キムドンミョン》／金素雲　訳

わたしのこころは湖水《こすい》です
どうぞ　漕《こ》いでお出《い》でなさい。
あなたの白い影を抱《いだ》き
玉と砕《くだ》けて
あなたの舟べりへ　散りもしませう。

わたしのこころは灯火《ともしび》です

あの扉を閉めてください。
あなたの綾衣《ころも》の裾《すそ》にふるへて
こころ静かに
燃えつきてもさしあげませう。（略）

実は、この詩を日本語に訳したのは、私の祖父。日本の植民地下にあって、ことばも文化も奪《うば》われた朝鮮の人たちのうた心を日本人に伝えたいと思って、『朝鮮童謡選』『朝鮮民謡選』（岩波文庫）などを残した詩人です。幼いころよく駄菓子《だがし》を買ってもらった、そんなふつうのおじいちゃんと孫の思い出しかないのだけれど、祖父が亡くなって十年以上が経ち、うたいたい日本語を求めていたとき、文学者としての祖父に出会ったというわけ。

たまたま手にした詩集をめくったら、「こころ」のページで感動のあまり涙《なみだ》で視界がにじんで、見えなくなったっけ。こんな美しい日本語があったんだ、って。頭だけじゃなくて、からだ全体でこの詩を受けとめる感じ。凛《りん》としているのにしなやかで、色っぽくて。性をうたっているとも思えるし、いろいろな情景を思い浮かべられる不思議な詩。自分で曲をつけておきながらこう言うのもおかしいけれど、ほんとうに美しいうたなの。自分でつくった気がしないわ。ことばの響《ひび》きが私のからだを通って、そのまま音楽になったから。

この詩のような日本語をうたっていきたい。こんな愛、こんな性をうたっていきたい。そ

う思いながらうたいつづけてきた気がする。うたっているうちに、私は20代から30代になり、結婚して子どもを二人与えられ、離婚も経験して、それなりに人生も熟してきたころ、もうひとつ転機となる詩に出会ったの。

胸の泉に

塔《とう》和《かず》子《こ》

かかわらなければ
　この愛《いと》しさを知るすべはなかった
　この親しさは湧《わ》かなかった
　この大らかな依存の安らいは得られなかった
　この甘い思いや
　さびしい思いも知らなかった
人はかかわることからさまざまな思いを知る
　子は親とかかわり
　親は子とかかわることによって
　恋も友情も
　かかわることから始まって

かかわったが故《ゆえ》に起こる
幸や不幸を
積み重ねて大きくなり
くり返すことで磨《みが》かれ
そして人は
人の間で思いを削《けず》り思いをふくらませ
生を綴《つづ》る
ああ
何億の人がいようとも
かかわらなければ路傍《ろぼう》の人
　私の胸の泉に
枯《か》れ葉いちまいも
落としてはくれない

塔和子（1929〜2013年）は、ハンセン病のため13歳で故郷から強制隔離《きょうせいかくり》されて、瀬戸内海の小さな島にある療養所《りょうようしょ》で、亡くなるまでの七十年間を生きた詩人。昔はハンセン病になると、一生を療養所で暮らさなければならなかった。かかわりを断たれた島で、かか

わりを求めて詩をラジオに投稿し、「本質から湧く言葉」と称されて、すぐれた詩集や詩人におくられる高見順賞をはじめ数々の賞を受賞。塔和子にとって、詩はいのちそのものだった。なぜなら、ハンセン病元患者は、特効薬によって全員治ったあとも強制隔離政策はつづいて、遺伝病でもないのに子どもをもつことさえゆるされなかったから。

私は赤ちゃんのときから塔和子さんの暮らす大島青松園《おおしませいしょうえん》とかかわりがあって、毎年そこでコンサートもしている。塔和子さんとも親しいお交わりをゆるされて、その鋭《するど》くもあたたかい詩の大ファンになったの。この詩にブルースの曲がついたときは、うたいながら鳥肌《とりはだ》がたったわ。

人を愛するということは、その人を知りたいと思うこと。深くかかわりたいと思うこと。人を知るには、話したり、見つめたり、その人がつくったものを通して感じたり、いろいろな方法があるでしょう。その究極の方法のひとつがセックスではないかしら。相手のすべてをほしくなる。同時に、自分のすべても受け容れてもらいたいと願う。旧約聖書の『創世《そうせい》記《き》』4章に、「アダムは妻エバを知った。彼女は身ごもってカインを産み」というところがあるのには驚《おどろ》いたわ。セックスすることをさらりと「知る」と表現しているなんて。

いまやセックスについての情報や知識は、インターネットや本でいくらでも手に入れることができる。でも、セックスはひとつひとつのできごと。ひとりひとりの性がぶつかりあう行為《こうい》だから、正解なんかない。だから私たちは不安になるし、これでいいのだろうかと戸惑《とまど》うのだと思う。私だって、はじめはこわかった。いくらその人のすべてがほしいと思っても、いざセックスになると悩《なや》んだわ。逆に、とてもシャイな恋人とつきあったときは、どうして手もにぎってくれないんだろう、って落ち込んだり。大きなふり子のように揺れていた10代から20代だった気がする。

おそるおそるセックスを経験していくなかで、私はそれまで味わったことのない感情を味わうようになった。もちろん、好きな人とひとつになるよろこび。でも、快だけでなく不快もあったし、女はどうしても受け身になるから、はじめのころは男性に支配されているようにも感じたっけ。暴力的なことをされたのでもないのに、それまで男の子に負けたと思ったことがなかったものだから、勝手な敗北感で悶々《もんもん》としたり。やがて、セックスは支配とか勝ち負けではなく、お互《たが》いをいたわり、いつくしみ、補い合うものであることも少しずつわかるようになっていった。

相手を知る営みは、気がつけば自分自身を知る行為でもあったわ。まるで合わせ鏡でうつし出されたように、それまで知らなかった私が見えて。恥ずかしかったし、驚くべき発見もあった。私って意外と……なんだ。「……」の部分は人それぞれだと思う。ときに醜《みにく》い姿に失望することもあったけれど、やがて折り合いをつけて受け容れていく。相手に受け容れてもらうことで、私自身も受け容れることができるようになった気がするの。

恋も友情も、かかわることから始まって、くり返すことで磨かれていくのだと、塔和子はうたう。心からそうだなと思う。だから、あなたもあせらないで。性は、人生の豊かなレッスン。ゆっくり、じっくり時間をかけて向かい合ってほしい。何より自分に正直であってほしい。

最後に、茨木《いばらぎ》のり子の詩集『歳月』から。茨木のり子（1926～2006年）は、「わたしが一番きれいだったとき」「自分の感受性くらい」などが有名で、どちらかというと、あまり愛や性をうたっていないイメージの詩人だと思う。ところが、亡くなったあとに発表された『歳月』は、全編が愛と性。特に性をテーマにした詩は、私を含め多くの茨木のり子ファンにとって衝撃《しょうげき》的な事件だった。早くに病気で亡くなったパートナーへの思いを書きためて、死後発表するように目次付きで箱に納めていたとか。これで茨木のり子のパズルのピースがはまったと思ったわ。愛と性のうたにこそ、その芸術家の本領があらわれると、ますます確信するようになったし、私もそんなうたをうたい重ねていけるといいなと願っているんだ。

ああ、人を愛することはすばらしい！

一人のひと
茨木のり子

ひとりの男《ひと》を通して

たくさんの異性に逢いました
男のやさしさも　こわさも
弱々しさも　強さも
だめさ加減や　ずるさも
育ててくれた厳しい先生も
かわいい幼児も
美しさも
信じられないポカでさえ
見せるともなく全部見せて下さいました
二十五年間
見るともなく全部見てきました
なんて豊かなことだったでしょう
たくさんの男《ひと》を知りながら
ついに一人の異性にさえ逢えない女《ひと》も多いのに

（さわ・ともえ）

セックスするとき、ちょっと考えてみてね

——避妊や中絶のこと

大切な人とのかかわり

愛にはいろいろなかたちがあります。友情もその一つです。単にさびしいから友だちをつくるのではなくて、まず、自分をみつめる孤独《こどく》の時間のうちに、自分と向き合った上で、お友だちと対等に楽しい時間をすごしてほしいなと思います。人間はだれも、自分を大事にして自分を愛することができて、初めて他のひととも愛し合える——そのようなことをとおして愛は広がっていくといえるでしょう。

恋愛もお互《たが》いが対等な関係であるべきで、嫌《いや》なときに「嫌」といったぐらいでその関係がくずれてしまったり、「嫌われたくないから、セックスしてもいい」というとき、そのふたりの間には本当の信頼があるのでしょうか？　恋愛は、相手を縛《しば》ることではなく、お互いが安心して、自分らしくいられるということですね。自分らしくいられて、相手にきちんと

モリスによる12段階のふれあい

1、目をからだに
相手の姿をみつめる

2、目を目に
相手の目を見る。アイコンタクト

3、声を声に
相手と話をしたりする

4、手を手に
相手と手をつなぐ

5、腕を肩に
手をつなぐより、親密さが深まる

6、腕を腰に
お互《たが》いが寄り添《そ》う距離《きょり》間になる

7、口を口に
キスをする

8、手を頭に
からだの大切な部分である頭をさわるのは、信頼と親密さを示す

9、手をからだに
相手のからだに直接ふれる。セックスの第一段階

10、口を胸に
相手の胸やからだにふれる。9より進んだ状態

11、手を性器に
セックスへの準備ができていない場合にはここまでになることも

12、セックス
性器と性器がふれあう。これ以上の親密さはない

「YES」と「NO」と自分の思いをしっかり伝えることができ、お互いを大切に思う関係をつくってもらいたいな……と思うのです。

そして、恋愛をしているときにはいつも自分をみつめてほしいと思います。「いつも愛して！」と求めるのではなく、自分が相手にできることを考えるのも大事なことです。

みなさんは、「恋愛の対象」＝「キスやセックスの対象」と考えてしまうかもしれません。本当はセックスをしたいだけなのに「自分は相手が好きなんだ」と思ったり、相手とセックスすることによって「あの人に自分は好かれている」と感じることもあるでしょう。

もちろん、直接ふれあうスキンシップは、相手との絆《きずな》を深める大切なものです。また、セックスだけではなく、手をつなぐ、キスを

する、肌《はだ》でふれあう、といったことは安心をもたらし、こころを安定させる力をもっています。しかし、知り合ったばかりでお互いのことがなにもわからないままに、「セックスしたい!」「キスしたい!」といった思いにまかせて、そうしたことをしてしまうことには賛成できません。

動物学者のデズモンド・モリスは、ふれあいのプロセスを、12段階にわけて紹介しています(137ページをみてください)。その考えによれば、二人のふれあいの最終段階がセックスということになります。これを中学3年生の授業で紹介すると、みんな笑います。あまりにゆっくりとした進み方にびっくりするからでしょう。

昔は、手紙を交換《こうかん》したり、携帯《けいたい》電話もなかったのでお家《うち》の電話で話すなど、お互いを知り合う時間をゆっくりとっていました。でも、今は会うことなく、インターネットのやりとりだけの「恋愛」もあるようです。私たちは直接会って言葉をかわすことで、いろいろな情報を交換しますから、インターネットやSNSだけの関係では得られる情報が限られ、危ない誘惑《ゆうわく》のわなもあるかもしれません。実際に相手とかかわるなかで、本当の親しい関係をつくってゆけるのではないでしょうか。

セックスのことで気をつけてほしいこと

セックスをすることには妊娠《にんしん》や「性感染症《せいかんせんしょう》」の危険が伴います。みなさんの年齢だと精子も卵子も元気で、排卵《はいらん》の時期も不安定であるため、たった一回のセックスでも妊娠する可能性があります。避妊《ひにん》をしたつもりでも、「100パーセント妊娠しない」ということはありません。「避妊はボクにまかせておいて」と言われたとか、「妊娠しない日のはずだった」といっても、セックスをあまりしたことがない二人がきちんと避妊をするのは難しいのです。

そしてもし妊娠した場合、「月経がこない」「まさか自分が妊娠するなんて」と迷っているあいだにも、赤ちゃんは育っていきます。おなかが痛いといって保健室にきた生徒の大きくなったおなかをみて、赤ちゃんがおなかのなかで動いていることを確認した養護《ようご》の先生がびっくりし、あわてて保護者を呼んでお話ししたら、親もまったく気づいていなかったということを聞いたことがあります。そうしたことを聞くと、まだ母親になる覚悟《かくご》も、ひとりで生活していくこともできない状態のなかで、赤ちゃんもお母さんとなる生徒もどうするのだろうと心配になります。

セックスには、自分の気持ちだけではなく、自分と相手を互いに守りながら行わなければならないという責任が伴《ともな》います。ですから、必要なときには「NO」といえるだけの自信、

そして、お互いの信頼があってできることと考えてほしいのです。

避妊の知識

避妊法にはいろいろありますが、確実でからだに無理のかからない避妊法を考えてみましょう。避妊というのは、その原理をわかりやすくいうならば「卵子と精子の出会いをじゃますること」です。

避妊法を選ぶポイントは

①確実であること
②使い方が簡単
③副作用が少ない
④失敗しても生まれてくる子どもへの影響《えいきょう》が少ない
⑤自分で確実に避妊ができる

ということです。先ほどお話ししたように「100パーセント妊娠しない」という避妊法はありません。ある意味「セックスをしないこと」がいちばんよい避妊法とも言えますが、大切な知識として「コンドーム」と「ピル（低用量経口避妊薬。ＯＣ）」について説明しますね（詳しくは148ページをみてください）。

「コンドーム」は手軽ですが、つけ方を間違《まちが》える、途中で破れる、はずれるといったことによって避妊が失敗する確率も高いですし、男性の協力も必要です（本当は、女性が「コンドームをつけてほしい」と頼まなくても、男性がきちんとつけてくれることが望ましいですし、もし「つけたくない」というのなら、本当にあなたのことを思ってくれているとは思えません）。

一方、「ピル」は避妊のための飲み薬です。この薬を飲むと避妊が失敗する確率が非常に低くなりますが、お医者さんできちんと処方してもらう必要があります。

「膣の外で射精する（膣外射精《ちつがいしゃせい》）から大丈夫」ということも聞きますが、それは避妊にはなりません。性的な興奮《こうふん》がおこると、男性のペニスの「カウパー腺《せん》」というところからでる粘液には精子が入っています。つまり、膣の外で射精したとしても、コンドームをつけない状態のペニスを膣のなかにいれることで精子が入り、妊娠する可能性があります。

また、「膣のなかで精子をだしてしまった場合、その後に膣のなかを洗えば大丈夫」ということがまことしやかに言われることもあるそうですが、射精後に洗ったとしても精子が子宮や卵管に向かうスピードに追いつけないため、意味がありません。そして、膣のなかをゴシゴシ洗うことは膣内を傷つけることになりますから避けましょう。

性感染症（STI）

セックスをするうえで必ず知ってほしいことです。セックスは粘膜《ねんまく》と粘膜の接触です。性器はもちろんですが、口や肛門でふれあうことによっても性感染症にかかります。しかもこわいのは「感染の自覚がないままに次々に広がっていく」ということです。つまり、自分が感染しているとの自覚のない人が、決まったパートナー以外のひととセックスすると、その相手が感染し、さらにそのひとがまたほかのひととセックスすると……、と知らない間に感染が広がってしまうのです。また決まったパートナー間であっても、二人がそれぞれきちんと治療《ちりょう》をしなければ、お互いが感染します（これを、球が行き交うことにたとえて「ピンポン感染」といいます）。

性感染症の予防は、セックスの際にコンドームをきちんとつけることです。そして信頼できる決まったパートナーとのお付き合いが、性感染症を予防することにもつながります。また、クラミジアをはじめとした性感染症に感染すると、傷ついた性器からエイズウィルスに感染する確率が高くなります。もし「性感染症にかかったかも？」と思ったら、恥《は》ずかしいと思うかもしれませんが、不妊（妊娠できないこと）の原因になることもあるので、きちんと婦人科や泌尿器科《ひにょうき》などにいって治療を受けましょう。

緊急避妊

レイプなどの犯罪被害《ひがい》にあったとき、あるいは「コンドームが破れて避妊に失敗した」といったことが起きたとき（セックスの前やセックスのときにどうしても避妊ができなかった場合）の避妊法です。「最終手段」ですから気軽に用いてほしくはありませんが、緊急《きんきゅう》事態において望まない妊娠をすることがないよう、女性を守る大事な方法です。80パーセントの確率で、妊娠を防げると言われます。

「緊急避妊」は、緊急避妊薬（黄体ホルモンを主とした飲み薬）を飲むことで排卵をしないようにする、あるいは遅らせることで受精をさまたげます。無防備なセックスが行われた「72時間以内」に緊急避妊薬を服用しなければなりません。

緊急避妊を希望する場合には、婦人科などの医療機関を受診《じゅしん》し、お医者さんに相談をしてください。薬の副作用として、吐き気、気持ちの悪さ、頭痛などが起こることがあります。

緊急避妊薬の服用後、出血（服用した後にくる月経）を確認し、必ずもう一度お医者さんで診《み》てもらってください。

くりかえしますが、この緊急避妊は、「どうしても本当に必要なとき」のものであることを忘れないでください。

人工妊娠中絶

これまで、「避妊」や「緊急避妊」についてお話ししましたが、それらをしても妊娠するということがあります。

妊娠したことの最もわかりやすい合図は、「月経が予定日を2週間過ぎてもこない」ことです。また、基礎体温がずっと高いこと（高温相）も兆候の一つです。風邪《かぜ》のような症状や、つわりという空腹時のむかむかや気持ちの悪さがある場合もあります。

そうしたからだの変化がおこった場合、できればパートナーと一緒にまず病院に行きましょう。妊娠しているかどうかは、妊娠5週目ぐらいに「妊娠診断薬《しんだんやく》」を使うことでわかります（ドラッグストアなどで売っている「妊娠検査薬」はあくまで参考程度と考えましょう）。

お医者さんに「赤ちゃんがおなかにいます」と言われたらどうすればよいのでしょう。まず、相談ができるのであれば、親や信頼できるおとなに相談してください。「今の自分に育てていけるのか」「もし赤ちゃんを産むならば、子どもを育てるお金をどうするのか……」、いろいろなことを考えなければなりません。いずれにせよ、そうして悩《なや》んでいる間にも赤ちゃんはおなかのなかで育っていますから、なるべく早く決断しなければいけないのも事実です。

考えぬいた上で「今の自分には育てることはできないから出産をあきらめる」というのも、

一つの選択でしょう。ただし、妊娠してから時間がたつと（妊娠週数がすすむと）、中絶の手術も出産に近い方法になり、からだとこころへの負担が大きくなります。ですので、中絶すると決めた場合には、週数が早いときに受けたほうが、負担がすくなくてすみます。また、妊娠22週を過ぎると中絶手術はできず、もし手術をすれば「堕胎罪《だたいざい》」という犯罪になります。妊娠12週をすぎると、「死産」という扱いになりますので「死産届け」をだすことになります。

中絶手術を受けることにした場合には、病院でもらう「同意書」という書類に、父親である相手と一緒にサインをします。手術には費用もかかります。彼と半分ずつ出せたらよいですが、自分の状況を考えてどうやってお金のやりくりができるかを考えてみてください。だれにも相談できないようなら「福祉《ふくし》事務所」に手術費用をどうすればよいか相談してください。

手術後は、まずは無理をせずゆっくりと休養をとった上で、必ずまたお医者さんを受診してください。そして、そしてなぜこうなったのかを考え、これからは望まない妊娠をしないようにする努力が必要です。中絶でいちばんつらい思いをするのは、女性です。

特別養子縁組制度／「こうのとりのゆりかご」（赤ちゃんポスト）

おなかに赤ちゃんがいるということがわかり、「産む」という決断をしたものの、父親に

なる人も母親になる人も自立（自分たちのお金で生活すること）もできず、さまざまな意味で成熟していないと、赤ちゃんを自分たちで育てるのは難しい、という場合もあるでしょう。
そうした場合には「乳児院」（親と生活することが難しい新生児から2歳《さい》くらいまでの乳幼児が生活をするところ）に預けなければいけなくなることもあります。
また日本には「特別養子縁組《えんぐみ》制度」（6歳未満の子どものため、特に必要があるときに、実の親とその子どもとの法律上の親族関係を解消して、養親・養子関係を家庭裁判所が成り立たせる縁組制度）というものもあります。子どもがほしいと思っている人に赤ちゃんが引き取られることもありますが、社会全体で子どもを育てるという考えが日本にはあまり行き渡っていないので、難しさがあります。この制度が里親制度（乳児院や児童養護施設《しせつ》から里親に引き取られるのは、約1割）とともにもっと一般化すれば、社会が少しずつ変わっていくのではないでしょうか。

日本では、望まない妊娠をして母親になった場合に、母親を守る環境《かんきょう》があまり整っていません。そのようななか、２００７年、「こうのとりのゆりかご」（赤ちゃんポスト）という、ドイツにあるシステムをモデルにした、お母さんと赤ちゃんを助けるシステムを熊本にあるカトリック系の病院が始めました。いろいろな意見がありましたが、しばらく時間が経ったいま、出産前の相談が増えているようです。

さいごに

セックスは大切なコミュニケーションですが、そのためにはさまざまなことを考えなければならないのも事実です。

母子の保護、養子制度……、そういったものがまだまだ社会に浸透していない日本では、望まぬ妊娠をした場合、女性はつらい思いをします。男性は逃げてしまうこともあります。乱暴な言い方をしますが、だからこそ女性自身がきちんと避妊をすることが必要なのです。

お話ししてきたように、10代で妊娠した場合「勉強が続けられるのか」「お金をどうやって工面するのか」「どうやって生活するのか」「家族に協力してもらえるのか」「自分の将来をどうするのか」など、さまざまな問題を考えなければなりません。また、おとなになりきっていない人が赤ちゃんを育てるということが児童虐待《ぎゃくたい》につながっていることも事実なのです。

くりかえしますが、生まれてくる赤ちゃんには、何の責任もありません。

「知っている」こと、自分でそのことを「考える」ことは、自分を守ります。そして相手も守ることになります。楽しく、また悩み多い思春期を過ごしているみなさん、どうか自分を信頼し、大切にしながら歩んでいってほしいと願っています。

(あかみね・ようこ)

低用量経口避妊薬（ピル）

ピルに含まれる卵胞《らんほう》ホルモン（エストロゲン）と黄体ホルモン（プロゲステロン）という2種類の合成の女性ホルモンの働きで排卵がおこらないようにし、精子を侵入しにくくします。また、受精をしても着床をしにくくするので妊娠《にんしん》を防ぎます。

毎日飲む必要がありますが、女性が自分で避妊できます。婦人科を受診し、お医者さんと相談をして処方してもらいます。毎月3000円くらいかかります。

副作用は少ないですが、一時的な不正出血や吐き気がある場合もあります。

クラミジア

今若い人が最も多くかかる性感染症です。クラミジア・トラコマティスという菌が原因で、あまり自覚症状がありません。

女性の場合、骨盤《こつばん》内の感染によって不妊になったり、妊娠《にんしん》中にかかると産道感染によって赤ちゃんに目の病気や肺炎をおこします。

コンドーム

男性のペニスにつけて、精子が女性の膣のなかに入らないようにするものです。

ドラッグストアなどで簡単に手に入りますが、正しく使わないと避妊に失敗します。

性感染症の予防にもなります。

淋《りん》病《びょう》

女性は黄色いおりものと性器の痛みがあり、症状がでない場合も。男性は排尿時の痛みが強まり、膿《うみ》がでます。

性器ヘルペス

性器に潰瘍《かいよう》や水疱《すいほう》ができ、強い痛みを伴《ともな》います。妊娠《にんしん》中に感染すると、新生児が感染し、死亡することもあります。

梅毒《ばいどく》

ここ何年か若い女性の間で増えています。トレポネーマパリダという菌により感染します。第1期から第4期に分けられ、第1期は外陰《がいいん》部や肛門周辺にしこりが、第2期には全身に発疹がでます。胎児にも感染するので、妊娠《にんしん》時には必ず検査し、感染がわかった場合、治療をおこないます。

HIV / AIDS（エイズ）

ヒト免疫《めんえき》不全ウィルス（HIV）が原因です。感染をしても無症状の感染者を保因者（キャリア）と呼びます。潜伏《せんぷく》期間が6か月から10年と長いのが特徴で、免疫力が下がり、さまざまな症状で発病した人がエイズ患者です。HIVの検査は匿名で全国の保健所で行っています（151ページをみてください）。感染を早めに知ることはパートナーへの予防や子どもへの感染を防ぐことになります。保因者は、免疫力を下げないようにし、治療とともにカウンセリングなどの精神的なサポートをうけます。お互いを大事に思うのならば、HIV検査をしてからお付き合いを始めることも大切ですよ！

＊キリスト教のルーテル教会が出した『ルーテルAIDS手帖《てちょう》』には、エイズに関するさまざまな情報がでています。ルーテル学院大学（0422-31-4611。担当：河田《かわだ》先生）に連絡すると入手できます。

Q　ピルなどの処方をしてもらいたいんだけど……

A　最寄りの婦人科で相談してみましょう。東京だったら「日本家族計画協会クリニック」03－3235－2694（予約受付時間：月～金 9 ～ 12 時／ 13 ～ 17 時 15 分〔祝祭日はお休み〕）がおすすめです。

Q　わたし、性感染症にかかってないでしょうか

A　厚生労働省の「感染症相談窓口」0422－70－1485（受付時間：月～金 10 ～ 17 時〔土日、祝祭日、年末年始はお休み〕）で相談にのってくれます。

また、性の健康医学財団「若者のための性感染症情報ネット　Hの病気」（http://plaza.umin.ac.jp/std-com/std_soudan.html）でも、メールで相談を受け付けています。

Q　エイズのことで心配なことがあるんだけど……

A　エイズ予防財団 0120－177－812、携帯《けいたい》からは、03－5259－1815（受付時間：月～金 10 ～ 13 時、14 ～ 17 時〔祝祭日はお休み〕）に電話してください。

＊エイズに関する相談であれば何でも受け付けてくれます。

＊名前を言う必要はありません。

＊相談した内容の秘密を守ってくれるので、話したことがだれかに知られることはありません。

＊相談は無料です。

また、エイズ予防情報ネット（http://api-net.jfap.or.jp）には、エイズに関するさまざまな情報がのっています。

こんなときどうしよう……！！ いろいろな相談先

Q　緊急避妊について相談したいときはどうすればいいの？

A　「EC・OC コール」03－3267－1404（受付時間：月～金 10 ～ 16 時〔祝祭日はお休み〕）に電話してください。

Q　からだのこと、性のこと、避妊の相談をしたいんだけど……

A　「思春期・ＦＰホットライン」03－3235－2638（受付時間：月～金 10 ～ 16 時〔祝祭日はお休み〕）に電話してください。特に、月経のことに関しては「生理のミカタ」という HP（http://seirino-mikata.jp）にいろいろ情報がのっています。

Q　妊娠《にんしん》したみたいなんだけど、だれにも知られずに相談したいです

A　近くの「女性健康支援センター」（インターネットで「○○県女性健康支援センター」と検索すると連絡先がでてきます）に電話してください。キリスト教の団体としては、「小さないのちを守る会」（03－5577－6653）、「SOS 赤ちゃんとお母さんの妊娠相談（カトリック系の病院である慈恵病院がやっています）」（0120－783－449／24 時間受付）などがあります。

Q　エイズの検査をしたい

A　エイズ予防情報ネットの HIV 検査情報サーチ（http://api-net.jfap.or.jp/prg/search/main.aspx?lic=0&ken=01&x=133&y=13）や厚生労働省による HIV 検査相談マップ（http://www.hivkensa.com）で、どこで検査を受けられるかが調べられます。また、各地の保健所でも「名前をいわず」「無料」でエイズの検査が受けられます。

この本を読んでくれたあなたへ

最近、どんな思いで過ごしていますか。楽しいことやうれしいこともあるけれど、辛《つら》いことや悲しいこともあって、いろいろなことに悩《なや》んだり、耐《た》えたりして過ごしていませんか。そんなあなたのことを大切に思い、あなたの味方となって応援《おうえん》しているおとなたちがいることを、この本によって知ってもらえればと思います。

「いのち」「愛」「性」は、あなたを輝《かがや》かせるすばらしいものです。それなのに、わからないこともたくさんあって、だれにも相談できずに悩み苦しんでしまうことがあります。そうしたとき、あなたに寄り添《そ》うものとなれたらという願いをもって、この本はつくられました。

また、一つひとつのテーマについてわかりやすく書かれているだけではなく、実際に困った時にはどうしたよいか、またどこに連絡《れんらく》したらよいかといったことも載《の》っています。10代のあなたはもちろん、20代、30代……、何歳《さい》になって悩んだときにも、この本があなたにとって良き相談相手、問題解決の糸口になればうれしく思います。

これからさまざまなことを体験していくあなたに伝えたいことがあります。それは、「でも、大丈夫《だいじょうぶ》。神さまが共にいらして守ってくださるから」ということです。

次の詩を知っていますか。

あしあと

M・F・パワーズ／松代恵美訳

ある夜、私は夢を見た。私は、主とともに、なぎさを歩いていた。
暗い夜空に、これまでの私の人生が映し出された。
どの光景にも、砂の上に二人のあしあとが残されていた。
一つは私のあしあと、もう一つは主のあしあとであった。
これまでの人生の最後の光景が映し出されたとき、
私は砂の上のあしあとに目を留めた。
そこには一つのあしあとしかなかった。
私の人生でいちばんつらく、悲しいときだった。
このことがいつも私の心を乱していたので、私はその悩みについて主にお尋《たず》ねした。
「主よ。私があなたに従うと決心したとき、あなたは、すべての道において私とともに
歩み、私と語り合ってくださると約束されました。
それなのに、私の人生の一番辛いとき、一人のあしあとしかなかったのです。
一番あなたを必要としたときに、

あなたがなぜ私を捨てられたのか、私にはわかりません。」
主はささやかれた。
「私の大切な子よ。私はあなたを愛している。
あなたを決して捨てたりはしない。ましてや、苦しみや試みのときに。
あしあとが一つだったとき、私はあなたを背負って歩いていた。」

「あしあと」は、神さまがいつも共にいらして守ってくださっていることを伝えています。聖書に「わたしはあなたたちの老いる日まで　白髪《はくはつ》になるまで、背負って行こう。わたしはあなたたちを造った。わたしが担い、背負い、救い出す」（『イザヤ書』46章4節）という言葉があります。神さまがその約束をあなたにも果たしてくださると、わたしは確信しています。ですから何かあった時、「でも、大丈夫。神さまが共にいらして守ってくださるから」ということを思い出してください。あなたがこれからもすべての面で恵《めぐ》まれ、将来に向かって元気に歩んでいかれることを祈っています。

さいごに、お忙《いそが》しいなか、原稿《げんこう》をお寄せくださったみなさんに感謝申し上げます。また、10代の「キミ」に大切なメッセージを届ける本を出すにあたっては、日本キリスト教団出版局のみなさんにも大変お世話になりました。ありがとうございました。（たかはし・ていじろう）

牧師です。②バレーボールに夢中で、勉強は苦手でした。③心も体も成長する大切な時期です。たくさん食べて、いろんな人と出会って、楽しいことも悔《くや》しいこともたくさん心に蓄《たくわ》えてください。いつも祈って応援《おうえん》しています！

宮本久雄（みやもと・ひさお）

1945年生まれ。①大学の看護学部でキリスト教について教えています。カトリックの神父です。②ロシア文学やクラシック音楽（ベートーベンなど）に熱中していました。③ぜひ読書をしてください。文学や思想は高い山のように難しくても、登るほど美しく新しい世界がひらけてきます。無理して〝頑張《がんば》〟らず、広く青い空に心の〝眼〟を向けて、悩《なや》みを〝晴〟らすように、〝眼晴《がんば》〟ってね！

吉祥眞佐緒（よしざき・まさお）

① DV被害《ひがい》にあった女性の支援や DV 加害者の更生《こうせい》プログラム、中学校・高校・大学でデート DV 防止教育のお話をしています。②ひとりでいることが好きで、読書ばかりしていました。③悔《く》いのない人生を送ってください。そのために、自分らしく生きること、自分を大切にすること、がんばりすぎないこと。何かの困難にぶちあたったときにはだれかに相談していいんだよ。必ず寄り添《そ》って一緒に考えてくれる人に出会えるからね！

渡辺和子（わたなべ・かずこ）

1927年生まれ。①大学で人格論、人間論などを教えています。カトリックのシスターで、学校法人の理事長です。②カトリックの学校に通いました。戦時中でしたので、勉強もしましたが、靖国神社の掃除《そうじ》などの勤労奉仕をしました。③携帯《けいたい》や動画なども結構ですが、日本文学と言われるような本をしっかり読んでください。読むことによって、語彙《ごい》も増え、書くこともしっかりできるようになると思います。

高橋貞二郎（たかはし・ていじろう）

1963年生まれ。①中学校と高校で、聖書やキリスト教について20年間教えています。日本キリスト教団の牧師です。②中学時代は吹奏楽部《すいそうがくぶ》でトランペットを吹《ふ》いていました。高校時代はスキーを楽しみ、ボランティア活動にはげんでいました。③神さまはありのままのあなたを愛されて、一つ一つのことを通して最善に導いてくださいます。だから大丈夫！　安心して歩んでいってください。

坪井節子（つぼい・せつこ）

1953年生まれ。①弁護士で、10代後半の子どものためのシェルター（カリヨン子どもセンター）を運営しています。②高校時代は、文学や哲学《てつがく》、社会や政治に関心をもち、「何を支えに、何をめざして生きていけばいいのか」に悩《なや》み、本を読み、友人や恋人と語り合いました。③10代の体験で無《む》駄《だ》になることはひとつもないです。人生のどこかで驚《おどろ》くような形で生きてきます。チャンスを逃《のが》さず、いろいろなことに挑戦してみてください。

土肥研一（どい・けんいち）

1974年生まれ。①一つは、本を作ること。もう一つは、教会で人に会ったり、聖書を一緒に読んだり、祈ったり、聖書のお話をしたり。二つの仕事をしています。②大江《おおえ》健三郎『洪水《こうずい》はわが魂《たましい》に及《およ》び』を読んで、大感動しました。大江の小説に出てくる人たちは、みんな、小説を読みつつ生きています。ぼくもそういう人生を生きたい、と思いました。③人は人、自分は自分！

haru（ハル）

1991年生まれ。①福祉《ふくし》関係の仕事をしています。②合唱部で、コンクールに向けて日々練習にあけくれていました。③あなたが受け入れられ、ありのままでいられる場所はきっとみつかります。だから、一日一日を生きのびてください。

三河悠希子（みかわ・ゆきこ）

1982年生まれ。①キリスト教の中学・高等学校で聖書を教えています。

ために、今できることを始めましょう。一つひとつが未来の自分につながっています。あわてないで、あきらめずに楽しみながら一歩一歩です。

沢知恵（さわ・ともえ）

1971年生まれ。①歌手です。作詞、作曲もします。全国各地でピアノ弾《ひ》き語りコンサートをしています。②中学も高校も受験に失敗し、第1志望の女子校に行けず。共学校で恋愛三昧《ざんまい》でした。③ジャンルにかかわらず、いい音楽体験をいっぱいしてください！

塩谷直也（しおたに・なおや）

1963年生まれ。①キリスト教の大学で牧師をしています。礼拝の説教をしたり、授業でキリスト教や聖書を教えています。②中学では、昼休み、仲間とやる野球が生きがいでした。高校時代、受験の重圧で息苦しい日々でした。③星が見えないからといって星がない訳《わけ》ではない。道が見えないからといって道がない訳ではない。「見えるもの」によりたのまず、ふり回されず、あせらずに。☺

下平涼子（しもだいら・りょうこ）

1965年生まれ。①企業《きぎょう》でIT関係の営業をしています。10代の娘《むすめ》2人の母です。②スポーツに音楽に勉強に生徒会も！！　何でもチャレンジしたあのころが懐《なつ》かしい（笑）③お友だちと一緒にたくさん笑って、時には泣いて、いっぱい遊んで、大いに学んで、今を思い切り楽しんで！！10代のキミの経験は、将来のキミをきっと助けてくれるから！！

平良愛香（たいら・あいか）

1968年沖縄生まれ（僕《ぼく》が生まれたときは、沖縄は沖縄県ではありませんでした）。①日本キリスト教団三・一教会で牧師をしつつ、いくつかの大学で教えています（以前は幼稚《ようち》園で働いていました）。平和を実現するキリスト者ネット事務局代表や、カトリックHIV/AIDSデスク委員もしています。②人と違《ちが》うことはいいことだ、と信じつつ、自分のセクシュアリティで悩《なや》んだ時期でした。③神さまが造ったものに、不良品はありません。

執筆者の紹介

(①は現在のお仕事、②はどのような中高時代だったか、③はみなさんへのメッセージです)

赤嶺容子（あかみね・ようこ）

①以前は助産師、養護教諭《きょうゆ》でした。今は、女子校の中高で保健を教えています。②本が大好きで空想（妄想《もうそう》？）の中にいました。③悩《なや》みや葛藤《かっとう》を大切にしながら〝こころ〟を育ててほしいです。守りに入らずに、自分の考えていることを勇気を出して伝えることで、道は開かれます。

石井智恵美（いしい・ちえみ）

1960年生まれ。①教会の牧師です。将来牧師になる人たちにキリスト教の思想を教えています。②テニス、バドミントン、剣道《けんどう》をやるも長続きせず、美術部では油絵、デッサンに熱中。本も山ほど読みました。少女まんが、萩《はぎ》尾望都《おもと》、竹宮恵子《けいこ》、大島弓子、山岸涼子に夢中でした。③好きなこと、自分に合ってるなと思うことを見つけてください。そして恐《おそ》れずに勇気をもってチャレンジしてください。応援《おうえん》してくれる人がきっといるはずです。

臼井一美（うすい・かずみ）

1971年生まれ。①国際NGOの職員です。②中高時代……。あのころの同窓生とおとなになって再会し、友人になれたり……。無駄《むだ》ではなかったです。③今、あなたが「世界の全て」だと思っている場所（家庭や学校や教会や施設《しせつ》など）は、良くも悪くも「狭《せま》い場所」です。これから、そこから広い世界へ少しずつ出てゆけます。なんとか生き延びて、あなたらしく息ができるところにたどりついてください。

後藤香織（ごとう・かおり）

1965年生まれ。①日本聖公会《せいこうかい》という教会の司祭（牧師）です。②自分が何者かわからないイライラを、周囲にぶつけていた、とげとげした中学時代でした。③「どんな自分」になりたいのかをしっかりと思いえがいて、その